中國學術思想 研究輯刊

十二編

林慶彰 主編

第22冊

《莊子》「典範人格」義蘊的詮釋與重構

江毓奇 著

花木蘭文化出版社

國家圖書館出版品預行編目資料

《莊子》「典範人格」義蘊的詮釋與重構／江毓奇 著 — 初版
— 新北市：花木蘭文化出版社，2011〔民100〕
目 4+160 面；19×26 公分
（中國學術思想研究輯刊 十二編；第 22 冊）
ISBN：978-986-254-663-5（精裝）
1. 莊子 2. 文本分析 3. 人格類型 4. 研究考訂
030.8   100015930

中國學術思想研究輯刊
十二編　第二二冊　　　　　　　ISBN：978-986-254-663-5

《莊子》「典範人格」義蘊的詮釋與重構

作　　者　江毓奇
主　　編　林慶彰
總 編 輯　杜潔祥
出　　版　花木蘭文化出版社
發 行 所　花木蘭文化出版社
發 行 人　高小娟
聯絡地址　新北市永和區中正路五九五號七樓
　　　　　電話：02-2923-1455／傳真：02-2923-1452
網　　址　http://www.huamulan.tw 信箱 sut81518@gmail.com
印　　刷　普羅文化出版廣告事業
封面設計　劉開工作室
初　　版　2011 年 9 月
定　　價　十二編 55 冊（精裝）新台幣 90,000 元

《莊子》「典範人格」義蘊的詮釋與重構

江毓奇　著

作者簡介

江毓奇 台北市立教育大學中語所博士班，淡江大學中文所碩士班畢業，主要研究趣向為傳統「經史學」與「諸子學」之思維方式，及其詮釋模式之間的繼承、轉化與再構等相關論題。目前主要的著作與論文有《莊子》「典範人格」義蘊的詮釋與重構》、〈論南北朝儒典「疏」學形成的經驗基礎與詮釋思維〉、〈《四庫全書總目》之「春秋學譜系」蘊涵之思維方式〉、〈論錢穆對於「漢代經今古文」論爭所蘊涵問題之處理〉等。

提　要

　　本論文以「《莊子》『典範人格』義蘊的詮釋與重構」為題，旨在從《莊子》文本的探索中，對應於「歷來相關研究成果」提出「反思性」與「融貫性」的詮釋問題。依此，回顧「歷來相關研究成果」大體可分為兩種取向：Ⅰ、以單一「典範人格」為研究對象，從不同的「視域」進行「最高層次之形上詮釋」；Ⅱ、以諸「典範人格」為研究對象，進行總體分析與觀察，但多僅以「體道境界」的差別思考其同異問題。對此，就《莊子》文脈之動態性義涵觀之，諸「典範人格」實多有「單出」、「換用」與「並列連用」等情形，而筆者則借由一系列「問題」的思索與探問，嘗試突顯其「歷史性」與「普遍性」之間的思考關係、「微觀」與「宏觀」下的層次性差異與立體性聯繫，以重新探討「歷來相關研究成果」所涉及與尚未涉及的相關問題。

　　對此，本論文之研究目的主要包涵了三個階段：（1）首先，從「思考的歷史性」出發，藉由《莊子》文本蘊涵之線索與提示，嘗試建構出理解「莊子」諸「典範人格」，即「至人」、「神人」、「聖人」與「真人」之歷史情境及其相關的意義問題；（2）其次，根據（1）之成果，回到《莊子》文本諸脈絡，透過「單出」、「換用」、「並列連用」等觀測角度的相互支援，詮釋諸「典範人格」之「微觀」與「宏觀」性義涵；（3）進一步又從其「差異」與「同一」的關係中，回歸其「普遍性之思考」，以揭顯其內在之體系性問題與解構性意義。

　　順此，在第一個階段的導引性建構中，筆者透過「以物易其性」、「好知而亂天下」、「以賞罰為事」、「儒、墨之是非」與「楊、墨之駢枝」等文本提示，在「周文疲弊」與「道術將為天下裂」之二重宏觀的語境中，嘗試微觀的分疏與架構出一組「二層五段」之動態相續的反思性問題，以突顯出《莊子》文本內在的「歷史情境」與「問題意識」，以及諸「典範人格」立基於「通」的歷史意義。

　　繼而，在第二階段的分析詮釋中，筆者則藉由：（一）「單出」的情境，釐析不同名相之「典範人格」於不同文脈中分別涉及了哪些思想史脈絡與議題，以回應「二層五段」之導引性問題而勾勒其歷史圖像，並演繹出諸「典範人格」在「莊子」對於「普遍性」問題思考的線索與意義；（二）順此，對於「換用」之情境應如何詮釋的問題，筆者則嘗試提出「中介性質之導引」、「對各類人物之評價性符號」、「兼具『中介性質之導引』與『對各類人物之評價性符號』」與「內涵彼此相蘊」等概念，以解釋諸「典範人格」在同一脈絡情境中，分別表徵之不同的意義與作用；（三）繼此，根據本文的分析，諸「典範人格」在「並列連用」的情境中，微觀的看固有其脈絡上的分殊義，但整體的看不僅呈顯出「莊子」對於「普遍性」問題的思維，亦隱涵了諸「典範人格」在總體關係問題上的「宏觀性基準」。

　　依此，到了第三階段的重構與解構，筆者方以「己」、「功」、「名」、「知」等宏觀性關鍵字句，討論並總攝上論成果中，諸「典範人格」於相同或不同脈絡之各別意義與作用。同時，也環顧「其一也一，其不一也一」與「道未始有封、言未始有常」等「莊子」思維內容

與方式，以作為諸「典範人格」之「宏觀」與「微觀」問題在聯繫上的思考基點。準此，筆者認為「『己→名』『名→功』『功→己』／『知』」，實循環而有機地共構出諸「典範人格」在總體關懷上的「一體四相」。如此，「微觀」的見其「差異」，則「至人」、「神人」、「聖人」與「真人」，皆分別彰顯了「己」、「功」、「名」、「知」等不同面向的實踐問題與工夫意義；但「宏觀」的察其「同一」，其「無己」、「無功」、「無名」、「真知」，亦同屬體「道」之「境界」而同時解構並超越了「一體四相」之諸問題。

Acknowledgement

I appreciate the guidance, tolerance, and encouragement that Professor Kun-Yang, Yen showed me. He gave me the courage to propose my contentions and thoughts. And also thanks Professor Pao-Hsin, Yuan and Shu-Chun, Chiang for the suggestion and to point out the mistakes, and they made me grew more mellow. In the end, I except that all the people who have given me a hand will go for it and never give up.

By Yuh-Chyi Chiang

目次

第一章　問題的導出 ……………………………………… 1

　第一節　研究動機與目的………………………………… 1

　　一、原因動機 …………………………………………… 1

　　二、目的動機 …………………………………………… 6

　第二節　前人研究成果的檢討 ………………………… 6

　　一、以諸「典範人格」為研究對象，進行分析
　　　　或總體觀察的研究者 ……………………………… 7

　　二、以單一「典範人格」為研究對象，對文本
　　　　進行分析，以各種不同「視域」，進行「詮
　　　　釋」者 ……………………………………………… 8

　第三節　研究對象的界定、史料的應用與論述問題
　　　　　的相關說明 …………………………………… 10

　　一、研究對象 ………………………………………… 10

　　二、史料的應用 ……………………………………… 10

　　三、論述問題的相關說明 …………………………… 13

　第四節　研究進路與方法 ……………………………… 15

　　一、研究進路 ………………………………………… 15

　　二、研究方法 ………………………………………… 19

第二章　「莊子」思想的歷史省察 ………………… 23

　第一節　「周文疲弊」的歷史情境——以《莊子》
　　　　　文本為理解核心 …………………………… 24

一、現象一：「以物易其性」 ……………………… 25

二、現象二：「好知而亂天下」 ………………… 31

三、現象三：「以賞罰爲事」 …………………… 34

四、小結——「莊子」視域中諸現象所蘊涵之
問題 …………………………………………… 37

第二節 「百家爭鳴」的歷史情境——以「道術將
爲天下裂」爲詮釋觀點 …………………… 38

一、「莊子」對於「儒」、「墨」之是非的批判 · 40

二、「莊子」對於「楊」、「墨」之駢枝的批判 · 44

三、小結——「莊子」視域中諸批判所蘊涵之
問題與總體問題意識之關係 ………………… 47

第三節 諸「典範人格」於「莊子」總體思想的歷
史意義 ……………………………………… 48

第三章 諸「典範人格」單出之脈絡情境及其相應
之問題 ……………………………………… 53

第一節 「至人」單出所涉及之諸議題：「至人之
用心若鏡」——對於心知之分別作用的反
思與消解 …………………………………… 53

第二節 「神人」單出所涉及之諸議題 …………… 57

一、藐姑射山之「神人」——對於「平治天下」
之價值意義的反思與消解 …………………… 58

二、「神人」以「不材」而爲「大祥」——對
用具性價值取向與生命存全關係的反思 … 60

第三節 「聖人」單出所涉及之諸議題 …………… 61

一、作爲「正向範型人格」之「聖人」 ……… 63

（一）「照之以天」的「聖人」——對於
「『是』、『非』本質」的反思 ……… 63

（二）「聖人」的「兩行之道」——對於
「名實之用」的反思 ………………… 64

（三）「聖人」與「滑疑之耀」的通達—
—對於「知之所成（目的）」的反
思 ……………………………………… 69

（四）「聖人」之「葆光」——對於「言」
與「道」之關係的反思 …………… 71

（五）「聖人」之「生」與「成」──「有
道」與「無道」、「有用」與「無用」
的抉擇 ……………………………… 76

（六）「聖人將遊於物之所不得遯而皆存」
──善於「死生」之化 …………… 78

（七）「聖人」之「道」與「才」──「聞
道」與「踐道」之間的體察辨證 … 79

（八）「聖人」之「正而後行」──「天
下」之「內治」與「外治」的省思
………………………………………… 83

二、作爲「負向範型人格」的「聖人」 … 84

第四節　「眞人」單出所涉及之議題「有眞人而後
有眞知」──從「明於天人之分」通向「天
人不相勝」 ……………………………… 87

第五節　結語──由諸「典範人格」單出之脈絡義
涵形成的初步圖像 ……………………… 95

第四章　諸「典範人格」間二者換用於相同議題之
意義與作用 …………………………………… 99

第一節　價值判斷所蘊涵之「利害」省思：「至人」
與「聖人」 ……………………………… 99

第二節　救治事件中的「薔人」省思：「至人」與
「聖人」 ………………………………… 103

第三節　「才全」與「德不形」的議題省思：「至
人」與「聖人」 ………………………… 111

一、純粹作爲「對各類人物之評價性符號」的
「典範人格」 …………………………… 112

二、兼具「對各類人物之評價性符號」與「中
介性質之導引」的「典範人格」 ……… 117

三、作爲「典範人格」的基本義蘊者 ……… 119

第四節　諸「典範人格」於外雜篇中的「換用」情
形及其意義 ……………………………… 121

一、一作爲「對各類人物之評價性符號」，一作
爲基本「典範人格」者 ………………… 121

二、在同一個議題脈絡中，兩者之間的內涵彼
此相蘊者 ………………………………… 124

第五節　結語──諸「典範人格」之「換用」的議
　　　　題內涵與多向性效用 …………………… 129

第五章　諸「典範人格」並列連用之分殊與總體融
　　　　貫性意義 ………………………………… 131

第一節　「通」之精神與「小大之辯」所蘊涵的問
　　　　題──「至人」、「神人」、「聖人」 …… 132

第二節　「歷史性」與「普遍性」之間──諸「典
　　　　範人格」分殊義涵的宏觀性基準 ……… 136

第三節　諸「典範人格」之內在體系性結構的綜合
　　　　討論與揭顯 …………………………… 138

　　一、「無己」的探索：「至人」諸脈絡涵義的整
　　　　合性討論 ……………………………… 138

　　二、「無功」的探索：「神人」諸脈絡涵義的整
　　　　合性討論 ……………………………… 139

　　三、「無名」的探索：「聖人」諸脈絡涵義的整
　　　　合性討論 ……………………………… 140

　　四、「眞知」的探索：「眞人」與諸「典範人格」
　　　　間的連繫性基準 …………………………… 143

　　五、「至人」、「神人」、「聖人」、「眞人」的系
　　　　統性「宏觀」與「微觀」 ………………… 144

第六章　結論──本論文之各階段成果回顧、反省
　　　　與展望 ………………………………… 147

　　一、各階段成果回顧 …………………………… 147

　　二、詮釋過程的反省與未來的展望 …………… 149

引用文獻及參考書目 ………………………………… 151

圖　表

　　圖表 2-1 ……………………………………………… 48
　　圖表 3-1 ……………………………………………… 74
　　圖表 3-2 ……………………………………………… 96
　　圖表 4-1 ……………………………………………… 109
　　圖表 4-2 ……………………………………………… 124
　　圖表 5-1 ……………………………………………… 145
　　圖表 5-2 ……………………………………………… 145

第一章　問題的導出

第一節　研究動機與目的

　　本文所稱「動機」，係依據舒茲（Alfred Schutz, 1899～1959）在《社會世界現象學》（*The Phenomenology of Social World*）對於「原因動機」（genuine because）與「目的動機」（in-order-tomotive）的區分，依舒茲，「原因動機」係指行動者以過去經驗來說明計畫之原因；「目的動機」則是根據計畫來說明行為指向未來的目的。〔註1〕

　　依此，本文之「原因動機」實乃根據《莊子》之義蘊與前行研究經驗所導引之「問題意識」，而「目的動機」則是根據本論題所採取的觀點預設與解決方式的說明。

一、原因動機

　　卡西勒（Ernst Cassirer,1874～1945）於其名著《人論》（*An Essay on Man*）上編的討論中，主要設問了該書首要關懷的命題，即：「人是什麼？」的問題。〔註2〕在卡氏的論述過程裡，為了彰顯「人」之為「人」的特殊性，他把「人」定義為「符號的動物」（animal symbolicum），〔註3〕此說乃是卡氏站在建構其

〔註1〕　舒茲（Alfred Schutz, 1899～1959）《社會世界的現象學》（*The Phenomenology of Social World*）盧嵐蘭譯（台北：九大文化、桂冠圖書公司聯合出版，1991 年 2 月）。頁 101。

〔註2〕　卡西勒（Ernst Cassirer, 1874～1945）《人論》（*An Essay on Man*）甘陽譯（上海：上海譯文出版社，2005 年 11 月），頁 3～85

〔註3〕　參見卡西勒：《人論》，頁 37

「文化符號哲學」的知識立場上，為了理解「人類文化生活形式的豐富性與多樣性」所下的界定；〔註4〕反觀傳統中國哲學的思維情境，則多源自於生命實存之諸多關懷的體察感悟，進而發展並孕育出中國哲學自有的「實踐」與「價值」之精神路向。此中的離、合、同、異，在前賢的論述與研究成果豐碩的情形下，自不待贅言。

　　本研究所關切的是：相較於卡西勒站在「知識建構」立場上，對於「人是什麼？」的議題關懷，則中華文化傳統經典中，《莊子》對於「人之存在問題」的省思又蘊涵了什麼樣的義理內容？進而，較之於先秦儒、墨二家多以堯、舜、禹等古代聖王寄寓其理想典範，則「莊子」又從「具體的共相」中提供了什麼樣的思維向度？然而，吾人在學術現代化的過程中，又須透過什麼樣的意義形式？〔註5〕以揭顯「莊子」思想通向未來世界之實踐的可行性，則有待進一步的思索與探問。

　　順此，在探問這些問題之前，對於「中國哲學文本特性」之「理解」，從一個對照的觀點而言：相對於西洋哲學喜歡運用「概念」（concept），中國哲學喜用隱喻（metaphor）；相對於西洋哲學喜用論證（argumentation），中國哲學喜用敘事（narrative），也因此引進了意象及其在語用過程及時間中的運動。〔註6〕回到《莊子》文本的脈絡中，不難理解的是：《莊子》並不會對「人」的義涵做出嚴謹的定義與論證，但是我們也發現《莊子》對於「人物形相」的運用與轉換，除了本身「卮言」、「重言」、「寓言」的論述策略中，對於「歷史人物」或是「虛擬人物」之形相的轉換描述，《莊子》也往往透過「典範人格」（例如：「至人」、「神人」、「聖人」、「真人」）的提出，來「表徵」其思想。所謂「典範人格」在此必須有一「規創性的定義／義涵」（prescriptive

---

〔註4〕　參見卡西勒：《人論》，頁37

〔註5〕　關於傳統經典智慧於「現代化」或「知識化」過程中的處境與難題，參見袁保新：《從海德格、老子、孟子到當代新儒學》，〈自序：一九一二年〉、〈知識與智慧〉（台北：台灣學生書局，2008年10月），頁Ⅲ～Ⅳ、頁306～309；關於「轉型時代」（1895～1925 A.D）的知識孕育與傳播背景等相關問題，參見張灝：〈中國近代思想史的轉型時代〉，《時代的探索》（台北：聯經出版事業股份有限公司，2004年），頁37～60；孫慧敏：〈「新式學校」觀念的形成及影響〉；丘為君：〈轉型時代——理念的形成、意義，與時間定限〉，二文均收錄於《中國近代思想史的轉型時代——張灝院士七秩祝壽論文集》（台北：聯經出版事業股份有限公司，2007年12月），頁81～103、頁507～530。

〔註6〕　此觀點係由沈清松所提出，詳見氏著：〈中國哲學文本與意象的運動——以《莊子·齊物論》為例〉，《哲學與文化》（2007年11月），頁11。

definition），即：就某一「文本」蘊涵的意義而言，依據它本身的「問題意識」，相應於此中之諸多價值關懷，所呈顯出的「人格意象」，以做爲一種「實踐」之可能的範型。以《莊子》爲例，其「至人」、「神人」、「聖人」、「眞人」正呈顯出其「典範人格」的表述方式。

對此，回歸《莊子》本身的文脈來觀察，我們可以發現到《莊子》對於「典範人格」在表述上的運用，大致上，有下列三種情況：

(一) 三種「典範人格」在同一個文意脈絡中出現。這種情況，通常是「至人」、「神人」、「聖人」並列，而分說其義；「眞人」則於其他篇章裡單獨論述。例如：〈逍遙遊〉與〈天下篇〉皆有「至人」、「神人」、「聖人」同時出現的例子。〔註7〕

(二) 上下文脈絡中、二者換用。在同一上下文脈絡中或是同一議題內，先提出一種「典範人格」、其後又提出另一種「典範人格」，兩者換用的情形，除了在內篇曾經出現過「至人」與「聖人」換用的情形〔註8〕外，這種情形大多見於外、雜篇。

(三) 單獨使用某種「典範人格」。在某一個上下文脈絡情境中，提出一種「典範人格」的說明，這種情況往往散見於《莊子》各篇章中。

對於上述三種情況，本文要進一步追問的是：

針對（一）之情況，三種「典範人格」並列，是否代表分別說？或者只是「抽換詞面」？

針對（二）之情況，兩者換用的意義是在於「抽換詞面」？還是有不同意涵的表徵與作用？

針對（三）之情況，當某種「典範人格」被提出時，究竟在不同的文本脈絡下，有其所涵蘊的不同問題，抑或是相同的典範人格，皆屬於莊子對某

〔註7〕 例如：《莊子‧逍遙遊》：「至人無己，神人無功，聖人無名」又《莊子‧天下篇》：「不離於宗謂之天人。不離於精，謂之神人。不離於眞，謂之至人。以天爲宗，以德爲本，以道爲門，兆於變化，謂之聖人。以仁爲恩，以義爲理，以禮爲行，以樂爲和，薰然慈仁，謂之君子。」此中，〈天下篇〉同時涉及「天人」與「君子」的解釋問題，請見第二章第三節頁47與註185的分析與說明。引文參見王叔岷：《莊子校詮》（台北：中央研究院歷史語言研究所，1999年6月），頁18、頁1294。

〔註8〕 例如：〈齊物論〉的「利害」議題（《莊子校詮》，頁79～87）；〈人間世〉的「蓄人」議題（《莊子校詮》，頁117～130）；〈德充符〉的「才全」與「德不形」議題。（《莊子校詮》，頁171～197）

種問題的揭示？

關於第一類問題的解明，回顧前行學者的研究成果，主要可分為兩種看法：一種是認為《莊子》各種「典範人格」，在思想的層次與境界上並無二致，此說以古代箋註家郭象〔註9〕、成玄英〔註10〕以及現代學者陳榮捷〔註11〕、唐君毅〔註12〕、任繼愈〔註13〕、葉海煙〔註14〕、崔大華〔註15〕、董小蕙〔註16〕、杜保瑞〔註17〕、王季香〔註18〕為代表，但諸家對於諸「典範人格」間脈絡義

〔註9〕 郭象於〈天下篇〉之「天人」、「神人」、「至人」、「聖人」注曰：「凡此四名，一人耳，所自言之異。」參見〔清〕郭慶藩輯、王孝魚點校：《莊子集釋》（台北：華正書局，1997年11月），頁1066。

〔註10〕 成玄英於〈逍遙遊〉：「至人無己，神人無功，聖人無名」一段，疏云：「至言其體，神言其用，聖言其名。故就體語至，就名語聖，其實一也」參見郭慶藩：《莊子集釋》，頁22。

〔註11〕 陳榮捷：「莊子於『聖人』、『神人』、『至人』、『天人』、『眞人』這幾個名詞，隨意使用，我們不必勉強作分作層次。天下篇分開天人、至人、聖人，是每一個側重一方面而言的。其實他們都是最高生存境界的意義。」詳見氏著：《中國哲學論集》（台北：中央研究院中國文哲研究所，1994年8月），頁214。

〔註12〕 唐君毅：「大率後之郭象注莊，則重言聖人神人至人只是一種人，道教之徒則言眞人神人在聖人之上。吾則以為兩者皆可說，莊子實兼具兩旨。然莊子必就其理想之人之德，而別出至人神人等名，以名之，則正可見莊子之重人之德，而又不自足於儒墨所言之聖人之得者也。」詳見氏著：《中國哲學原論——原道篇》（九龍：新亞研究所，1966年），頁346～347。

〔註13〕 任繼愈主編：《中國哲學史》：「『至人』、『神人』、『聖人』是莊子認為理想人格的不同稱謂，三者都是一種人。」參見前揭書：（第一冊）（北京：人民出版社，1985年），頁174。

〔註14〕 葉海煙：「莊子至高之人之典範雖有四名：至人、神人、聖人與眞人，然就典範與吾人之關係而言，其致一也。莊子設定點範的名號容或有其殊別之動機，但這似乎只與其思想脈絡相關，而和其人格主體之構作無涉。」詳見氏著：《老莊哲學新論》（台北：文津出版社，1999年），頁112。

〔註15〕 崔大華：「《莊子》中不同名號的理想人格的精神境界是相同的，又是不相同的；兩種所見皆有依據，皆可成立。」詳見氏著：《莊學研究》（北京：人民出版社，2005年10月），頁154。

〔註16〕 董小蕙：「莊子思想之最終目的，是要通向道的境界，而其理想中的人格，也是本於道的精神之自由自在。……如：『至人』、『神人』、『眞人』、『聖人』、『天人』、『德人』等，都是指內在精神修養成就於最高境界的理想人物。」詳見氏著：《莊子思想之美學意義》（台北：台灣學生書局，1993年10月），頁85～87。

〔註17〕 杜保瑞：「莊子在說明他的最高境界人物『名稱』的時候，常常是隨著討論角度的不同而使用不同的稱謂，而這些不同型態與稱謂則共構成莊子心中的最高境界的完美人格型態。……統而言之，都是莊子稱最高境界的不同稱謂。」詳見氏著：《莊周夢蝶》（台北：五南圖書出版股份有限公司，2007年1月），

的分殊，隨者詮釋者在不同研究情境下的不同目的，則或略有所別、保留或無提及；另一種則認爲諸「典範人格」間，實際上仍代表了不同的境界層次，此說以現代學者吳怡〔註19〕、譚宇權〔註20〕、王博〔註21〕、那張軍〔註22〕等人爲代表。兩種看法所持論點雖大相逕庭，但是由於不同研究目的、「理解」取向的差異，其「詮釋」的效果、涉及的範圍則各有所殊。

　　關於第二類問題的探討，在當前研究成果中，對於《莊子》「典範人格」名詞換用的情況，應如何「詮釋」，則較少有人深入討論。

　　關於第三類問題，多有針對單一「典範人格」進行討論者，但是由於此種類型的研究，在主要論題的詮釋上，大多以單一「典範人格」與研究者對於《莊子》文本蘊涵之「終極關懷」的理解與預設爲基礎，進行「部分」與「全體」的詮釋工作，則其脈絡義的分別亦顯得相對隱沒不清。又或者從不同的「角度」，對於《莊子》「典範人格」進行詮釋，以求達到「視域融合」（Horizontverschmelzung）〔註23〕的詮釋效果。關於此部分之研究成果，下一節「前人研究成果之檢討」將做比較詳細的說明。

頁 15。

〔註18〕 王季香：〈「莊子」內七篇的人格類型觀研究〉，《文藻學報》，第 15 期，（2001年），頁 26。另見本章第二節「前人研究成果之探討」

〔註19〕 吳怡：「至人、神人、聖人、眞人、天人都是屬於理想的人物。……事實上，在莊子書中，聖人是偏於事功方面，還不是最理想的人物。」詳見氏著：《逍遙的莊子》（台北：三民書局，2005 年 6 月二版），頁 125～131。

〔註20〕 譚宇權：「1、聖人、神人以及至人並非毫無分別的三種人。因爲是至人與聖人、神人的分別最爲明顯。所以至人是修養道德最高的人。其他如聖人與神人都是次等的人；2、眞人是指得倒者的籠統概念。所以我們認爲他可能包括至人、神人、聖人乃至『德人』」詳見氏著：《莊子哲學評論》（台北：文津出版社，1998 年 6 月），頁 130～150。

〔註21〕 王博：「至人，如『至』字本身所顯示的，乃是莊子心目中最高的人。他是沒有自我的，也就是無心的。……比較起來，神人和聖人似乎還有一間未達。」詳見氏著：《莊子哲學》（北京：北京大學出版社，2006 年 10 月），頁 119～120。

〔註22〕 那張軍：〈莊子「至人」理想人格的美育思想探微〉，《東南大學學報》第 3 卷第 2A 期（2001 年 5 月），頁 72～75。另見本章第二節「前人研究成果之探討」

〔註23〕 關於「視域融合」（Horizontverschmelzung），係指詮釋者的視域一方面不是封閉而孤立的，另一方面也不是完全拋棄自身的視域而置於文本的視域，而是在詮釋經驗的過程中，不斷擴大自身的視域與文本的視域相互融合。參見加達默爾（Hans-Georg Gadamer）：《眞理與方法》（*Wahrheit und Methode*）洪漢鼎譯（上海：上海譯文出版社，2005 年 5 月），頁 395～397；洪漢鼎：《當代哲學詮釋學導論》（台北：五南圖書出版股份有限公司，2008 年 9 月），頁 144～145。

　　據此，本文將以「《莊子》『典範人格』義蘊的詮釋與重構」為題，以抉發《莊子》諸「典範人格」之義蘊，以及它們在文章脈絡中，各自所回應的「問題意識」及其體系化的關係。

二、目的動機

　　回應「原因動機」所提出的「問題意識」；「目的動機」則說明本研究所欲解決的問題，並依問題解決的邏輯程序，說明如下：

（一）第一，將「同情地」理解《莊子》文本內在的「歷史世界」，透過「思考的歷史性」，揭顯「莊子」思想中的「歷史視域」與其所蘊涵之問題。

（二）第二，基於對《莊子》內在之「歷史世界」的理解，進入主要議題，「微觀」地分析諸「典範人格」於「單出」時，各所涉及之不同問題意識。

（三）第三，又針對《莊子》諸「典範人格」在相同議題中的「換用」情形，探討不同「典範人格」所呈顯的不同意義與作用。

（四）第四，則探討《莊子》諸「典範人格」在「並列連用」的情況下，其「微觀性」的脈絡意義與「宏觀性」的基準作用；並且回到「莊子」思想的「普遍性」問題，藉由「宏觀性基準」連繫諸「典範人格」所涉及之不同議題與作用，嘗試建構出一組體系性的詮釋架構。

（五）回顧本論文各階段之研究成果，反思本論文對《莊子》相關研究的意義與限制。

第二節　前人研究成果的檢討

　　關於《莊子》「典範人格」義蘊的詮釋，歷來莊學論者實多有涉及，然而在研究者之不同研究目的與需要的情況下，其涉及的程度則深淺不一。而本節的工作，則針對以「典範人格」為主要研究對象的整體性成果中進行檢討。對此，又可分為兩大類：第一類是將《莊子》諸「典範人格」進行分析或總體觀察之研究者；第二類是針對《莊子》文本中，單一「典範人格」進行研究者。

一、以諸「典範人格」爲研究對象，進行分析或總體觀察的研究者

方俊源《莊子哲學中人格世界之分析》〔註 24〕首要從「莊子哲學之基源問題」展開，藉由「莊子人格世界諸層相之分析」討論「至人」、「神人」、「聖人」的分別義蘊，而歸結於「眞人」之境界。對於諸「典範人格」之間，在境界上之「同一」與「分歧」的問題，提供了相當程度的成果，但是對於諸「典範人格」在不同脈絡下的義涵，以及彼此之間的關係結構則少有論及。

王季香〈《莊子》內七篇人格類型觀研究〉在目的上，主要以「歷時性的發展看《莊子》內七篇人格類型所反映出來的思潮變化」，並且以「共時性的原則和同時期屬於儒家的孟子作一比觀」。依前者，作者主要分析《莊子》內七篇蘊涵的人格類型，作者認爲《莊子》內七篇具有「俗人」、「畸人」、「理想人」三種類型的區別，並且以此三種類型爲生命修養之正、反、合的辯證歷程；依後者，作者認爲莊子與孟子在觀人之道處，其相同處都是以「道」爲核心，以修道爲評品人物的標準。不同之處在於孟子的「理想人格」是以「立命」積極有爲的態度去「化成自然」、「改造自然」的聖人；而莊子呈現的是以「安命」的態度，與「道通爲一」、「順物自然」，達到精神自由、逍遙無待之遊的聖人境界。〔註 25〕

據此，可知王季香在論文的目的上，並非對「理想人格」的同異分殊問題進行分析。〔註 26〕

譚宇權《莊子哲學評論》第七章「論莊子的眞人、神人、聖人、以及至人」一章中，主要的問題意識爲：（1）何謂聖人？（2）何謂神人？（3）何謂至人？（4）論聖人、神人、至人的異同。（5）何謂眞人？（6）論眞人與聖人、神人以及至人的關係。〔註 27〕分別分析各「典範人格」的義蘊加以綜合，以「眞人」爲「得道者的籠統概念」而涵蓋了「聖人」、「神人」、「至人」；〔註 28〕此外譚宇權又認爲「至人」是含有「神人」與「聖人」特質的人，「神人」又包含了「聖人」的特質，則其「境界」的高下依序爲「至人」、「神人」、

〔註 24〕參見方俊源《莊子哲學中人格世界之分析》（台北：文化大學哲學研究所碩士論文，1988 年）。

〔註 25〕參見王季香：〈「莊子」內七篇的人格類型觀研究〉，頁 21～42。

〔註 26〕王季香：〈「莊子」內七篇的人格類型觀研究〉一文中，其「理想人格」的部分已預設了諸「理想人格」在「境界上的同一」。同註 18。

〔註 27〕譚宇權：《莊子哲學評論》，頁 130～131。

〔註 28〕譚宇權：《莊子哲學評論》，頁 148～149。

「聖人」。〔註29〕順此，譚氏之研究有一定程度的成果，但是對於諸「典範人格」在各種脈絡情境中，其「單出」、「換用」、「連用」時，所涉及的「問題意識」以至於「諸典範人格」間的關係問題，則少有涉及。

那張軍〈莊子「至人」理想人格的美育思想探微〉一文，則以「神人」一詞容易聯想道家崇拜的神仙；「真人」多被後人宗教化；「聖人」多為孔孟儒家的偉人偶像為由，主張以「至人」蓋括《莊子》「理想人格」較為恰當。〔註30〕對此，那氏的研究多未能從文獻的本身，討論諸「典範人格」之「名相」在《莊子》文本中的脈絡意義與總體關係。則其觀點亦多自主觀的立場，對於少數的文獻進行討論與詮釋。

二、以單一「典範人格」為研究對象，對文本進行分析，以各種不同「視域」，進行「詮釋」者

黃漢耀《莊子「真人」思想研究》以「真人」為研究對象，透過「墮肢體」、「黜聰明」、「離形去知」、「同於大通」等，幾個關鍵概念的理解架構，作一「還原性的詮釋」。〔註31〕

林明照《莊子》「真」的思想探析〉主要以《莊子》「真」思想為研究重點，並且以「真」作為「真人」之理想人格的內涵，就「實踐層面」與「精神境界」詮釋《莊子》之「終極精神」內涵。〔註32〕

張昭珮《莊子》一書中的真人研究〉分別以「真人」、「真人之知──氣知」、「真人的生活」、「真人至樂」等章節的安排，為其論述架構，進而組構《莊子》「真人」之義蘊。〔註33〕

宋愛華《莊子理想人格之呈現──以〈大宗師〉為主之探究》則是以《莊子‧大宗師》為論述範圍，透過「修養論」、「生死觀」、「政治觀」等議題，去「理解」與「詮釋」〈大宗師〉裡，「真人」之理想人格的呈現。〔註34〕

〔註29〕譚宇權：《莊子哲學評論》，頁147。

〔註30〕參見那張軍：〈莊子「至人」理想人格的美育思想探微〉，頁72～75。

〔註31〕參見黃漢耀《莊子「真人」思想研究》（台北：中國文化大學哲學研究所碩士論文，1988年）。

〔註32〕參見林明照《莊子》「真」的思想探析〉（台北：國立台灣大學哲學系碩士論文，2000年）。

〔註33〕參見張昭珮《莊子》一書中的真人研究〉（台北：輔仁大學中文研究所碩士論文，1996年）。

〔註34〕參見宋愛華《莊子理想人格之呈現──以〈大宗師〉為主之探究》（台中：中

　　李忠一《莊子神人論》以「神話學」爲研究取向，以「神人神話的特質」、「神人與聖境」、「神人顯靈」、「神人與生命境界的類型學」詮釋《莊子》「神人」思想的「神話學視域」之意涵。〔註35〕

　　黃瑞珠〈《莊子》至人思想研究〉主要從「人存在之省思」爲發端，探討「人的超拔問題」，進而以《莊子》「至人」爲研究對象，進一步詮釋其所涵蘊之理想特質，最後回歸於現代生活語境，說明其現代意義。〔註36〕

　　賴錫三〈莊子「眞人」的身體觀——身體的「社會性」與「宇宙性」辯證〉一文，主要從「身體觀」思維的詮釋視域，就《莊子》「眞人」所涵蘊的「社會性」與「宇宙性」進行辯證地詮釋。〔註37〕

　　綜合上述前行研究成果，就範圍對象而言，以單一「典範人格」爲研究對象者，在其詮釋目的與詮釋視域的需求下，對於單一「典範人格」的「詮釋」，皆有一定程度的理解作用；但是在方法上，比較強調以《莊子》之「終極關懷」統攝地詮釋單一「典範人格」者，則容易使「典範人格」在不同「情境」下被提出時，其「脈絡意義」及其相應的各種「問題意識」隱沒不清。

　　對於諸「典範人格」進行總體觀察之研究成果，其目的亦爲釐析諸「典範人格」之不同意義。此中的分析對於諸「典範人格」的「同一」與「分殊」之間亦有相當程度的詮釋，但是在方法上，仍不離研究者以其對《莊子》「終極關懷」爲預設，而進行「最高層次之形上詮釋」。相對於此，則諸「典範人格」被提出時的「脈絡意義」及其在相同或不同之語境間的關係，這些論題就少有人進行整體性研究。

　　對此，諸「典範人格」間之「同一」與「分殊」的詮釋，在方法嚴格的要求上，是否必須經過對於《莊子》諸「典範人格」提出時的各種語境，就文本脈絡進行「微觀」的分析，方能揭明諸脈絡間不同的義蘊；然後，在此一分別說的基礎上，進一步「宏觀」地就諸「典範人格」的義蘊在《莊子》總體意義中的邏輯關係，以系統化的原則加以「綜合」與「重構」。是本論文的論題與方法不同於前行研究成果的地方。

　　興大學中國文學研究所碩士論文，2005年）。

〔註35〕參見李忠一《莊子神人論》（新竹：玄奘大學中國文學研究所，2005年）。

〔註36〕參見黃瑞珠〈《莊子》至人思想研究〉（嘉義：國立中正大學中國文學研究所，2004年）。

〔註37〕賴錫三〈莊子「眞人」的身體觀——身體的「社會性」與「宇宙性」辯證〉，《台大中文學報》第14期（2001年5月），頁1～34。

第三節　研究對象的界定、史料的應用與論述問題的相關說明

本節旨在說明本研究（《莊子》「典範人格」義蘊的詮釋與重構）的主要研究對象，及史料的選擇與論述的相關問題。

一、研究對象

本文之研究對象係指：《莊子》文本中所描述之「典範人格」。準此，本文在前述「原因動機」一節中，對於「典範人格」的界定為：就某一「文本」蘊涵的意義而言，依據它本身的「問題意識」，相應於此中之諸多價值關懷，所呈顯出的「人格意象」，以做為「實踐」之可能的範型。回歸《莊子》文本，就內篇在詮釋價值的優先性而言，則「至人」、「神人」、「聖人」、「真人」之論述，實具有「典範人格」之意義。因此本文對《莊子》「典範人格」的研究，即以「至人」、「神人」、「聖人」、「真人」為主要對象。

二、史料的應用

關於「史料的應用」，主要有「直接史料」與「間接史料」的區分。所謂「直接史料」是指與研究對象有直接關係的文獻。某一事件發生了，當時或稍後被記錄下來，或事件自身遺留（狹義的古物）下來，當這些文本被做為研究對象時，都是直接史料。〔註38〕「間接史料」，則是指「非原型的史料、經過轉手的史料」，往往非與研究對象直接相關，即有著間接的關係。〔註39〕說明如下：

（一）直接史料

就本論文而言，當以《莊子》之文本為「直接史料」。需要說明的是：《莊子》經過歷代學者對於文本的增刪、校勘、編纂、箋注，其「原貌」已在不同的研究情境中，而有所改變。因此本論文並非以一種「絕對客觀」的基準，對《莊子》文本進行取捨，而是基於歷代研究者對於文獻的考究中，「相對精密」與「後出轉精」的形成原則來進行史料的選擇。依此，前者主要以研究者對於文獻校勘、考訂過程中，在方法上的相對客觀性為基準；後者則自此

〔註38〕杜維運：《史學方法論》（北京：北京大學出版社，2006 年 5 月），頁 111。
〔註39〕杜維運：《史學方法論》，頁 113。

基準，選擇對於各版本之差異考訂更爲周延者。〔註40〕

　　準此，就當前學界引述《莊子》原文較爲通行的版本觀之，主要有郭慶藩《莊子集釋》與王叔岷《莊子校詮》二者。此中，《莊子集釋》之底本原據黎庶昌所刻「《古逸叢書》（覆宋本）」，然校刻本多訛誤之處，後經王孝魚據「《古逸叢書》（覆宋本）」、「《續古逸叢書》（影宋本）」、「明‧（世德堂本）」、「《道藏》：（成玄英疏本）」、「《四部叢刊》（孫毓修〈宋‧趙諫議本校記〉）」、王叔岷《莊子校釋》、劉文典《莊子補正》校勘而成。〔註41〕

　　其次，王叔岷對於《莊子》版本的整體性著作，原以「《續古逸叢書》（影宋本）」爲底本著有《莊子校釋》一書。又陸續著有〈莊子校釋後記〉、〈南宋蜀本南華眞經校記〉、〈倫敦博物館敦煌莊子殘卷」斠補〉、〈莊子校釋補錄〉、〈日本高山寺舊鈔卷子本莊子即成玄英疏本試證」等《莊子》版本補錄、斠證經驗。晚年並輔以湖南馬王堆三號墓出土之帛書甲、乙本《老子》、〈經法〉、〈十大經〉、〈道原〉四篇力著《莊子校詮》一書。〔註42〕

　　依此，假如以「底本」的相對整全性觀之，王叔岷所據之本較郭慶藩爲佳，又如以「後出」轉精的角度分判，則王孝魚所校補之《莊子集釋》尚有據王叔岷之說而改者，而《莊子校詮》則在《莊子校釋》的基礎上，參考各國漢學保存資料，增刪以趨詳實。準此，本論文在《莊子》版本的選擇上，對於原文的引述，主要採用王叔岷《莊子校詮》，並斟酌參考郭慶藩《莊子集釋》。

〔註40〕關於文獻研究成果「後出轉精」之精神，可輔以王國維「二重證據法」嘗試說明，其曰：「吾輩生於今日，幸於紙上之材料外，更得地下之新材料。由此種之材料，亦得證明古書之某部分全爲實錄，即百家不雅訓之言亦不無表示一面之事實。此二重證據法，惟在今日始得爲之。雖古書之未得證明者，不能加以否定，而其以得證明者，不能不加以肯定：可斷言也。」參見氏著：《古史新證》收錄於《王觀堂先生全集》第六冊（台北：文華出版公司，1968年3月），頁2078。此中「紙上材料」應爲「傳世文獻」，「地下材料」即爲「出土文獻」，可知在新材料的不斷發現中，「傳世文獻」與「出土文獻」之間透過「歸納」、「分析」與「綜合」之作用，應預存相當程度的辯證開放性。進而對「文本」的「研究現況」有一個理解與認知上的基礎。

〔註41〕〔清〕郭慶藩輯、王孝魚點校〈點校後記〉，《莊子集釋》（台北：華正書局，1997年11月），頁1118。

〔註42〕關於王叔岷校勘《莊子》各版本與《莊子校詮》的斠證依據，可參見氏著：《諸子斠證》（北京：中華書局，2007年10月）、《斠讎學／斠讎別錄》（北京：中華書局，2007年6月），頁105～106；《莊子校詮‧序論》（台北：中央研究院歷史語言研究所，1998年6月景印三版），頁1～23。

（二）間接史料

本論文之間接史料主要涉及《莊子》意義或「莊子」思想於漢代以來箋注、研究成果的運用，包括以下幾個部分：

1、漢代以來《莊子》之校注箋釋

除了「直接史料」所提及之王、郭兩書以外，尚有〔晉〕郭象《莊子注》、〔唐〕陸德明《莊子音義》、〔唐〕成玄英《莊子疏》〔註43〕、〔宋〕林希逸《莊子口義》〔註44〕、〔明〕焦竑《莊子翼》〔註45〕、〔清〕王夫之《莊子解》〔註46〕、〔清〕宣穎《南華經解》〔註47〕、〔清〕陳壽昌《南華眞經正義》〔註48〕、〔清〕王先謙《莊子集解》〔註49〕、馬敘倫《莊子義證》〔註50〕、錢穆《莊子纂箋》〔註51〕、方勇、陸永品《莊子詮評》〔註52〕等。

2、近、現代研究《莊子》之相關學術著作

除了在「原因動機」與「前人研究之討論」中已提及之研究成果外，前輩學者多有對《莊子》內蘊之思想進行詮釋的重要成果，如：吳汝鈞《老莊哲學的現代析論》〔註53〕高柏園《莊子內七篇思想研究》〔註54〕、劉笑敢《莊子哲學及其演變》〔註55〕、劉榮賢《莊子外雜篇研究》〔註56〕、王博《莊子

〔註43〕 〔晉〕郭象《莊子注》、〔唐〕陸德明《莊子音義》與〔唐〕成玄英《莊子疏》原文的引用，皆以〔清〕郭慶藩的《莊子集釋》所引爲據，版本同註9。

〔註44〕 〔宋〕林希逸著、〔民國〕周啓成校注《莊子鬳齋口義校注》（北京：中華書局，1997 年 3 月第一版）。

〔註45〕 〔明〕焦竑《莊子翼》收錄於《無求備齋莊子集成續編》第十一、十二冊（台北：成文出版社股份有限公司，1978 年 10 月），頁 1～498、499～1001。

〔註46〕 〔清〕王夫之《莊子解》收錄於《無求備齋莊子集成初編》第十九冊（台北：藝文印書館，1972 年），頁 1～720。

〔註47〕 〔清〕宣穎《南華經解》收錄於《無求備齋莊子集成續編》第三十二冊（台北：藝文印書館，1972 年）。

〔註48〕 〔清〕陳壽昌《南華眞經正義》收錄於收錄於《無求備齋莊子集成續編》第三十七冊（台北：藝文印書館，1972 年）。

〔註49〕 〔清〕王先謙：《莊子集解》（北京：中華書局，2006 年 1 月）。

〔註50〕 馬敘倫《莊子義證》收錄於《無求備齋老列莊三子集成補編》第三十七、三十八冊（台北：成文出版社股份有限公司，1982 年 10 月），頁 1～498、499～1006。

〔註51〕 錢穆：《莊子纂箋》（台北：東大圖書公司，2006 年 2 月五版七刷）。

〔註52〕 方勇、陸永品：《莊子詮評》（成都：四川出版集團巴蜀書社，2007 年 5 月二版）

〔註53〕 吳汝鈞：《老莊哲學的現代析論》（台北：文津出版社，1998 年 6 月）

〔註54〕 高柏園：《莊子思想內七篇研究》（台北：文津出版社，1992 年 4 月）

〔註55〕 劉笑敢：《莊子哲學及其演變》（北京：中國社會科學出版社，1993 年）

哲學》〔註57〕、陳鼓應《老莊新論》〔註58〕、崔大華《莊子研究》〔註59〕、顏崑陽《莊子的寓言世界》〔註60〕、楊儒賓《莊周風貌》〔註61〕、鐘泰《莊子發微》〔註62〕、方東美《生生之德》〔註63〕、《原始儒家與道家》；〔註64〕牟宗三《才性與玄理》〔註65〕、《中國哲學十九講》；〔註66〕唐君毅《中國哲學原論——導論篇》；〔註67〕池田知久《〈莊子〉——「道」的思想及其演變》〔註68〕等，亦爲本文在思考或論述上的相關參考依據。

三、論述問題的相關說明

《莊子》內、外、雜篇材料之分合問題，由於牽涉到本文之觀點與方法相應上的預設，本論文也說明如下：

關於內、外、雜篇在「《莊子》哲學中的代表性及其價值」此一議題的討論，劉笑敢《莊子哲學及其演變》曾述及四種主要觀點：

（一）認爲《莊子》內篇早於外、雜篇，肯定內篇爲莊子所作。自王夫之以來，多數的學者持此觀點。

（二）認爲《莊子》內篇晚於外、雜篇，外雜篇是莊子所作。此說以任繼愈先生爲代表。

〔註56〕劉榮賢：《莊子外雜篇研究》（台北：聯經出版社，2004 年 4 月）
〔註57〕王博：《莊子哲學》（北京：北京大學出版社，2006 年 10 月）。
〔註58〕陳鼓應：《老莊新論》（台北：五南圖書出版股份有限公司，2006 年 1 月修訂版）。
〔註59〕崔大華：《莊子研究》（北京：人民出版社，2005 年 10 月）。
〔註60〕顏崑陽：《莊子的寓言世界》（台北：漢藝色研文化事業有限公司，2005 年 1 月）。
〔註61〕楊儒賓：《莊周風貌》（台北：黎明文化事業公司，1991 年）。
〔註62〕鐘泰：《莊子發微》（上海：上海古籍出版社，2008 年 3 月）
〔註63〕方東美：《生生之德》（台北：黎明文化事業股份有限公司，2005 年 8 月）。
〔註64〕方東美：《原始儒家與道家》（台北：黎明文化事業股份有限公司，2005 年 8 月）。
〔註65〕牟宗三：《才性與玄理》（台北：台灣學生書局，2002 年 8 月）。
〔註66〕牟宗三：《中國哲學十九講》（收錄於《牟宗三先生全集》第 29 冊）（台北：聯經出版社股份有限公司，2003 年 4 月）
〔註67〕唐君毅：《中國哲學原論——導論篇》（台北：台灣學生書局，2004 年 10 月全集校訂版）。
〔註68〕池田知久著、池田知久、黃華珍共譯：《〈莊子〉——「道」的思想及其演變》（台北：國立編譯館，2001 年 12 月）。

（三）認爲《莊子》內篇與外雜篇已被晉人郭象搞亂，研究莊子思想應以《逍遙遊》、《齊物論》二篇爲依據，打破內、外、雜篇的界限選擇有關資料。此說以馮友蘭先生爲代表。

（四）認爲《莊子》一書基本上是莊周的著作，對《莊子》內篇與外雜篇不必加以區別。〔註69〕

順此，劉笑敢主要是就「材料」與「作者」之間的關係進行歸類，但這個問題的理解當從「材料」與「作者」兩個層面分別思考，再彼此考慮。嘗試說明：就通行「傳世文獻」郭象本的傳統而言，其對於內、外、雜篇的區分，並無法必然地確定「作者」與「材料」間的關係，但其對於篇章區分背後的價值預設，在歷代的流傳與詮釋中，仍多有以內篇作爲「莊子」核心思想理路者。不過，仍存在了兩個問題須要釐析：

（一）僅就「內篇」討論可能會喪失《莊子》其它材料的豐富性。

（二）將《莊子》視爲一個整體，但對於內、外、雜篇在不同問題意識下的詮釋價值與理解效能，並無差異的區分。

順此，（一）的問題實賴於（二）問題的釐析，就「莊子」思想的「詮釋價值」而言，雖《莊子》各篇或各段落之編纂與成書，就「作者」與「時間」上的問題，在沒有新的決定性證據出現之前，仍有所爭議，〔註70〕但「傳世文獻」之「郭象本」對於「內篇」、「外篇」與「雜篇」的編輯，在歷來詮釋者對於「莊學」核心思想的詮釋傳統中，仍有其內在相承的價值意義。然而，「外、雜篇」的材料在「理解效能」上，不僅是理解「莊學」思想及其發展的材料，對於「莊學」思想的歷史背景，如〈天下〉等；《莊子》一書的敘事策略，如〈寓言〉等，較之「內篇」，也可能提供了更明確的線索。其次，「詮釋範型的轉移」也可能使「莊學」詮釋，有不同風貌的展現，例如：新出土

〔註69〕劉笑敢：《莊子哲學及其演變》，頁3。

〔註70〕《莊子》篇章的「作者」與「時間」所蘊涵問題十分糾結且複雜，除了上引劉笑敢的歸納之外，錢穆：《莊老通辨》（收錄於《錢賓四先生全集》第7冊）（台北：聯經出版社股份有限公司，1998年5月），頁25～130、355～410；王叔岷：《莊學管窺》（收錄於《莊子校詮》），頁1434～1437；張恆壽：《莊子新探》（武漢：湖北人民出版社，1983年）；崔大華：《莊子研究》，頁43～97；池田知久著、池田知久、黃華珍共譯：《〈莊子〉──「道」的思想及其演變》，頁41～49；蕭裕民：〈《莊子》內外雜篇新論──從思想的一致性來觀察〉，《興大人文學報》第36期（2006年3月），頁159～186，等皆有不同面相的討論與主張。

文獻所帶來的相關線索，與諸種詮釋上的可能。不過，從「詮釋視域」到「詮釋材料」在意義與效能間的轉移，難以足一而定，而仍須取決於詮釋者的慧心巧思。如是，則內、外、雜篇在詮釋上的價值與效能問題，係就詮釋者之問題意識與其「方法→目的」的配合而定。

準此，本論文在主論所涉及之「典範人格」之脈絡意義者，將以內篇文本作爲主要論證之依據，外、雜篇文本則爲詮釋上的輔助之用；但於主論之外所涉及之支援性論點，如「莊子」時代之歷史圖像者，則無有內、外、雜之分。

再者，本論文以「作者思想」指涉「言說者」之所思所想的哲理內容。「文本意義」則指被以特定語言形式書寫完成而涵具的意義。兩者固有依存關係；但分析說明時，仍可在概念上給予不同層次的區分。那麼，基於先秦典籍之成書與多重作者間的紛雜關係，以及區分「作者思想」與「文本意義」之需要，對於「作者」問題，本論文擬提出「集合性作者」的概念，意即：一個經過時間演變發展而成的文本，它的內容往往不是單一作者的思想，而是在多人承衍、發展、匯流的歷程中集合的成果，故將此類文本的作者類型，稱之爲「集合性作者」。準此，則本文當以「『莊子』」指涉《莊子》眾多的「集體作者」。

第四節　研究進路與方法

所謂「研究進路」主要說明本文核心論題的研究取向，而「研究方法」則指出本論文在研究上所採行的原則、策略、步驟等具體操作的設準。

一、研究進路

據本論文之主要論題而言，「《莊子》『典範人格』義蘊的詮釋與重構」，其旨當在於進行《莊子》「典範人格」義蘊的詮釋與系統重構。

對此，關於本論文的詮釋取向可以說明如下：就西方詮釋學史上對於詮釋的定位與取向的問題頗多論爭，張鼎國〈「較好地」還是「不同地」理解：從詮釋學論爭看經典註疏中的詮釋定位與取向問題〉曾指出主要有下列幾種類型：

1、「照原意的理解」和「照原樣的理解」

兩者代表的俱爲客觀主義方法建構的詮釋方針與理解原則，取向則以回到原作者內在與外在情境，原作者時代以及原作者時代當時的讀者如何理解爲主。

2、「較好的理解」（Besserverstehen）

此說的提出等於是在問：詮釋學上的眞理的判準是可能的嗎？是詮釋學可以提供或應該提供的嗎？高達美詮釋學在此曾明白自稱：它並不直接提供眞理的判準（Wahrheitskriterium/criteria of truth），而只志在透過詮釋對話的進行，促成眞理的發生展現，並且因而能造成實際效應（Wirkungen/effects）爲眞正目的。

3、「不同的理解」（Andersverstehen）

高達美提出此說，至少不應該被認爲是一種自行放任，似乎不管或不論什麼樣的理解詮釋或後繼論述都可以，也都是對的。因爲它明確指出：一方面我們始終都還有不可取代的文本自身在講話，同時還有不斷繼起的詮釋者的發言權，它們不能否定或壓制。詮釋理解之際，每一個人都不可避免會夾帶進種種前判斷（Vorurteile），但是前判斷終將受到繼起的判斷修正或排除。於是所有詮釋的工作，就是在這樣必須不斷興起重新理解的努力，但又不能和原作精神背道而馳的要求下，一個回顧舊有文化遺產、而繼續向前探索的嘗試。

4、「完全理解」（Allesverstehen）

依附傳統以增進人文涵養固然重要，社會興革卻更屬不容怠忽的哲學思考之使命。唯有不思批判，無意變革的思想者，才會耽溺於無止盡的不同的詮釋，宣稱對全部的事實都有所理解，也因此安於現狀。能夠對所有的歷史變化都能夠有所理解的人，實際上已和「不再繼續理解」相去不遠。

5、「不再理解」（Nichtemehrverstehen）

這當然更不會是面對經典的一種正確態度，毋寧是思考的終止，而且表現爲對傳統的棄置不顧，或只是讓傳統成爲不再對當前生活起作用的傳統。高達美認爲我們只顧重建，而不再透過發問讓傳統對我們發生新義時，即爲「不再理解」。〔註71〕

準此，「完全理解」與「不再理解」顯然與本論文之「研究動機」大相逕庭，故非本文之所取；那麼在「原意的理解」、「較好的理解」或「不同地理解」三種取向之中，我們又該如何選擇呢？

以「照原意理解」來說，「回到作者內在情境與外在情境」，則必須處理

〔註71〕張鼎國：〈「較好地」還是「不同地」理解——從詮釋學論爭看經典註疏中的詮釋定位與取向問題〉收錄於黃俊傑主編《中國經典詮釋傳統（一）通論篇》（台北：台灣大學出版社，2004 年 6 月），頁 47～49。

作者與文本及其歷史情境之間的連結關係；但是「歷史」詮釋的本身，除了「史料」的客觀層次外，詮釋者主觀「視域」的洞察與其存在的歷史性，也必然牽動詮釋者對於「歷史」的理解。此中，相關問題的研究成果，將形成詮釋者不可或缺亦不可避免的「前理解」。但是即便如此，當我們回歸《莊子》的「作者問題」來思考，先秦典籍之作者往往不明確，甚至不是單一作者，而是某一學派集體之作，又或是後學在發展的歷程中，不斷吸納各種學術思想而成，來源甚爲複雜。因此假如連「作者」與「文本」關係的明確性，以及現行《莊子》文本與《莊子》古本的差異問題，都還有「存疑」與「商榷」的空間，則「照原意的理解」之所謂，究竟是何種意義下之「原意」，這是一個複雜又糾結不清的問題，故僅以「照『確實作者』之『原始原意』的理解」爲思考，很難適用於本論文。

其次，「較好的理解」不僅涉及「眞理的判準」，它同時可能涉及了在什麼樣的詮釋情境中，什麼樣觀點才得以滿足「較好的理解」的需求；但此中問題相當複雜而難有定論，亦不適合應用於本論文的研究。

復次，「不同的理解」當回顧「照原意」與「較好的」詮釋進路，並分別從兩個方面進行理解，再彼此考慮、反省：1、「不同於原意的理解」；2、「不同於歷來詮釋者的理解」。依前者，「不同於原意」非指詮釋者在詮釋行爲上的任意性，而是就詮釋者作爲歷史之存在，本有其無可剝落的「主觀性」與「脈絡性」而言；依後者，「不同於歷代詮釋者」亦非指理解與詮釋上的對立性批判，若從「脈絡性」觀之，歷來的詮釋者之間當有其繼承而轉化的關係；若就「主觀性」論之，不同的「問題意識」，當延伸出不同的詮釋取向與目的，並衍生不同的詮釋方法。〔註72〕如此，則「不同的理解」所涉及之「較好的」

〔註72〕關於「歷代詮釋者」在「脈絡性」與「主觀性」的問題，我們可從：（1）「繼承與轉化」；（2）「目的與取向」兩個面向，就當代學者的看法進一步說明：
　　（1）「繼承與轉化」：葉國良曾以儒家經典詮釋爲例，說到：「從態度而言，中國詮釋經典之著作者，大抵可分爲「堅持忠實於原典」與「不堅持忠實於原典」兩派，……但自孔子死後，墨分爲三、孔分爲八，都堅持自己爲最正統的詮釋者，至後代也罕少學者承認自己的詮釋不符合經典原意，這是中國學術的特殊現象。」又云：「不堅持忠實於原典」一派，背負著「未得食而負如來」的罪名，其實這是傳統思想家在極度崇古的時代裡，不得不採取之手段。」對此，李明輝則以焦循注《孟子》爲例，說到：「焦循的《孟子正義》表面看來是漢學家的注疏，然而他收入的註解卻經過了個人的選擇，立場並非中立，其間隱藏了焦循自己的觀點」，如是，則歷來詮釋者本有借「集合注疏」以繼承、轉化而建構者。參見：

判準，即非自消極的以「非 A 即-A」之思維進行判斷，而須就文本在客觀上的「整體性」與「一致性」，並預設「詮釋成果間會通與轉化的辯證可能性」進行考慮。

實際上，假如「存有的連續」、「有機的整體」、「辯證的發展」爲中國哲學的基調，〔註73〕而「聯繫性思維方式」〔註74〕（co-relative thinking）作爲中國文化思維的特徵之一，那麼同樣地，對於歷代「莊學」詮釋進路上的分殊與歧異關係，是否仍須未來的詮釋者們，依其不同的問題意識與研究目的，使用合適的方法，進行融貫的考慮呢？

對此，本文在「研究進路」的基本取向上，並不必然作單一立場的預設，只就上述西方詮釋學的三種定位與取向擇其一而固守之，而是取向基於「文本語境」與「詮釋者語境」之交互融合，不斷地向文本「發問」。並將一系列的問題，透過文本脈絡「微觀」分析與文本總體「宏觀」的系統性綜合，企圖以「內造建構」〔註75〕的方式，在諸「典範人格」義蘊間建立一種具有「內

〈「中國經典詮釋學的特質」學術座談會議記錄〉，《中國經典詮釋傳統（一）通論篇》（台北：台灣大學出版中心，2004 年 6 月），附錄一，頁439～440、446。

（2）「目的與取向」：袁保新曾自「詮釋者個人之目的與學術工具的不同」，説到：「當代學者在經典詮釋方面的表現，大體可分爲兩個方向與形態。一個是針對古今語言的差異、斷裂，運用訓詁、考據或相關文化史的知識，以現代語體文重新書寫，盡可能復其初地克服閱讀障礙。……另一個則是回應詮釋者或現代讀者關懷的各式問題（無論這些問題是來自中、西文化激盪，或現代人在社會急遽變遷中自我探詢與定位的關懷），試圖撐開跨越古今的差異的思考脈絡，發掘出經典的現代意義，前述兩個方向，雖用心著力不同，但並非一種互斥的關係。」，如是，雖目的、取向不同，在相當程度上，仍存在會通的可能與必要性。參見：〈「中國經典詮釋學方法論問題」學術座談會議紀錄〉，《中國經典詮釋傳統（一）通論篇》（台北：台灣大學出版中心，2004 年 6 月），附錄二，頁 461～462。

〔註73〕 這三個基調主要係由杜維明提出，詳見氏著：〈中國哲學中的三個基調〉，《杜維明文集》（第五卷）（武漢：武漢出版社，2002 年 4 月），頁 3～13。

〔註74〕 所謂「聯繫性的思維方式」（co-relative thinking）基本上是認爲：在宇宙間的部分與部分之間，以及部分與全體之間是一種有機的，而不是機械的關係，牽一髮而動全身。因此整個宇宙各部門或部分互相滲透、交乎影響，並互爲因果。詳見黃俊傑：〈傳統中國的思維方式及其價值觀：歷史回顧與現代啟示〉，《東亞儒學史的新視野》（台北：台灣大學出版中心，2006 年 2 月），頁 313～330。

〔註75〕 相對於將理論直接移植、套用的「外造建構」，所謂「內造建構」是指：回到古典文獻的深入理解、詮釋，並進一步分析研究對象的內在性質、結構、規律，並加以概念化、範疇化，最後找出統一的原則，而加以綜合成爲體系性

在邏輯關係」的「詮釋」架構，以達成本論文的研究目的。

二、研究方法

本論文在研究方法上，預設了三個主要原則：

（一）對各個「典範人格」體系化關係的「宏觀」詮釋原則與文意脈絡的「微觀」詮釋原則。

（二）環顧文本在表述形式上的提示，將「莊子」之「重言」、「卮言」、「寓言」等論述策略，考慮進本文的理解與詮釋中。

（三）在方法操作上，相應於本論題之研究目的，採取「動態脈絡」的詮釋法。

就第一個原則而言，我們假定各個「典範人格」在《莊子》文本中所表徵的義蘊，從《莊子》思想整體「宏觀」的視域來看，諸「典範人格」之「終極關懷」應具有內在體系化的關係；但是從「微觀」的詮釋來看，不同文意脈絡所描述的不同或相同之「典範人格」，應隨著文意脈絡的差異，回應著《莊子》思想內蘊的各種不同的「問題意識」。

以第二點個原則而言，《莊子·寓言》有云：「寓言十九，重言十七，卮言日出」；〔註76〕《莊子·天下》亦云：「以卮言為曼衍，以重言為真，以寓言為廣」。〔註77〕所謂「寓言十九」是指《莊子》文本大部份藉由假託人物以發明事理；「重言十七」則是指寓托的人物中，又多借重歷史人物與虛構人物間的對話，以鎔鑄其歷史感；「卮言日出」則是指「寓言」、「重言」的運用以「渾圓之言」〔註78〕如「日出」不息般地層層生發為基本態度。據此，「寓言」所蘊涵之種種意象，為意義的開顯，提供相當向度的廣延性；「重言」的使用，則環顧了歷史傳統對於精神生命開展的啟發性；「卮言」的基本原理，將使意義的揭顯，在實存的經驗中，體察生生不息的辯證開放性。故「三言」的考慮實為理解《莊子》意義的重要原則之一。

以第三點個原則而言，相應於本研究對「典範人格」義蘊在「同一」與

的知識。參見：顏崑陽：〈用詩，是一種社會文化行為模式——建構「中國詩用學」初論〉，《淡江中文學報》第 18 期（2008 年 6 月），頁 297。

〔註76〕王叔岷：《莊子校詮·寓言》，頁 1089。

〔註77〕王叔岷：《莊子校詮·天下》，頁 1344。

〔註78〕關於「卮言」王叔岷曰：「此謂立言之態度。渾圓之言不主故常，順其自然之分而已。」參見氏著，頁 1091。

「分歧」上的詮釋，除了從「基源問題」〔註79〕的詮釋進路中，對於《莊子》文本之「歷史視域」的理解之外，關於諸「典範人格」在文本脈絡層次間之意義解明問題，本研究傾向於借用沈清松所提出之「動態的脈絡主義」（dymamic contextualism）〔註80〕的詮釋方法，其曰：

> 我對解讀中國哲學原典有一根本主張，稱之為「動態脈絡主義」（dynamic contextualism），意思是視文本為一語用運動的歷程與結果，其中一詞、一句、一段落的意義，須從與其他詞、句、段落的互動以及在字與詞、詞與句、句與段、段與全文……等的動態進展脈絡來解讀。就某種意義言，這是在中哲文本中，將「整體與部分」的詮釋循環，加以動態操作化的成果。……如此注意文本的整體運動的閱讀方式，不同於只注意關鍵詞（key words）或關鍵句（key sentences）的讀法，後者是藉由選取重要語詞、語句，來主導整段文本的詮釋。在只留意什麼是文本中的關鍵概念與關鍵句之時，往往會忽略整個文本的語用運動，甚至忽略文本的層次脈絡。〔註81〕

據此，本研究基於對「典範人格」之義蘊，在「同一」與「分歧」間的調適態度上，將以「動態脈絡主義」（dymamic contextualism）的詮釋方法，嘗試將諸「典範人格」在《莊子》文本中的義蘊，分別針對不同的文意脈絡進行詮釋與綜合的工作。除此之外，前輩學者們對於對於「中國哲學的詮釋方法」亦有許多成果，〔註82〕然而基於本研究論題與目的及原則、方法配合上的需

〔註79〕 勞思光於其《新編中國哲學史》中，曾提出「基源問題研究法」，係指：「以邏輯理路的還原為始點，而以史學考證功力為助力，以統攝個別哲學活動於一定設準之下為歸宿」。所謂「基源問題」則是指：「著手整理哲學理論的時候，我們首先有一個基本的瞭解，就是一切個人或學派的思想理論，根本上必是對某一問題的答覆或解答。我們如果找到了這個問題，我們即可以掌握這一部分理論的總脈絡。反過來說，這理論的一切內容實際上皆是以這個問題為根源。理論上一步步的工作，不過是對那個問題提供解答的過程。這樣，我們就稱這個問題為基源問題」，詳見氏著：《新編中國哲學史》（第一冊）（台北：三民書局，2002 年 10 月），頁 14。

〔註80〕 沈清松：〈中國哲學文本與意象的運動──以《莊子·齊物論》為例〉，頁 8。

〔註81〕 沈清松：〈中國哲學文本與意象的運動──以《莊子·齊物論》為例〉，頁 8。

〔註82〕 相關的討論可參考李賢中：〈中國哲學研究方法之省思〉一文，對於吳怡、李紹崑、項退結、勞思光、杜保瑞、馮耀明、張立文、湯一介、牟宗三、唐君毅、徐復觀、沈清松、袁保新、李賢中、劉笑敢、成中英、黃俊傑、傅偉勳等前輩學者，在各種研究目的與方法配合上的要述，詳見氏著：收錄於《哲學與文化》第 34 卷第 4 期（2007 年 4 月），頁 7～24。

要，對於文本詮釋的一般原則，亦取自沈清松所提出中國哲學在詮釋上的幾種一般性原則：

1、文義內在原則（principle of intra-textualty）

我們針對文本所要尋找的意義，應該都是在文本之中，而且只在文本之中。以《莊子》為例，如果要了解其中所呈現的哲學意義，只能從文本中讀出，不能強加之以文本中沒有道理或意義。如果是因為文本脫落或朽毀，必須對某一文本加以增訂或修補，也必須有其他文本為據，無論是新發現的或有其他脈絡的文本參證，始得為之，不得任意強加文本之外之意或文句於某文本之上。

2、融貫一致原則（principle of coherence）

基於讀者主觀的善意，與文本客觀上的價值，一個哲學家著作之所以值得讀，一定是有其內在一貫的想法。所謂融貫一致，在消極上要能避免自相矛盾；在積極上則文本所含的觀念與命題，必須環環相扣，形成一個內在融貫的義理整體。

3、最小修改原則（principle of minimum emendation）

除非必要，不依主觀意見隨便修改文本。如果本文所述與我們的理論或我們根據某理論對於某文本的想像之意不一致，應該修改的是我們的理論或我們對文本的想像，而不是文本本身。

4、最大閱讀原則（maximum reading）

在符合以上文義內在原則、融貫一致原則、最小修改原則之後，我們就可以在義理的理解和詮釋上，做最大的閱讀，亦即最富有充實的義理可解讀，可以開始在文本上從事哲學思索。我所謂「充實」，是依據我所謂「意義飽沃原則」（principle of saturation of meaning）來說的，也就是只在哲學思索上達致最恢弘的義理，而在人的心靈對於意義的需求上達致最大的滿足感。〔註83〕

據此，本文首先就《莊子》內在的「歷史視域」與「問題意識」進行省察，以建立理解文本的歷史語境；其次，將分別針對《莊子》內篇中，關於「典範人格」的論述，主要採取「文本分析」的方法。依照文本各自所蘊涵不同「問題意識」的「動態脈絡意義」，嘗試藉由「句」與「段落」、「段落」與「段落」、「段落」到「篇章」、「篇章」與「篇章」乃至與整部《莊子》之

〔註83〕沈清松：〈中國哲學文本與意象的運動──以《莊子·齊物論》為例〉，頁9～11。

歷史語境，進行「部分」與「全體」之間的循環詮釋。

在具體操作的步驟與章節設計中，本文之第二章「『莊子』思想的歷史省察」主要將透過《莊子》內在之「以物易其性」、「好知而亂天下」、「以賞罰爲事」、「道術將爲天下裂」的詮釋視域，揭顯「莊子」對於「周文疲弊」與「百家爭鳴」的理解，進而釐析其所蘊涵之導引性問題與《莊子》「典範人格」的歷史意義。

繼而爲了掌握諸「典範人格」間，「單出」、「換用」、「並列連用」所涉及的「同一」與「分殊」的義蘊；第三章《莊子》「諸『典範人格』單出之情境脈絡及其相應之問題」，首先探討諸「典範人格」單出的情況中，所涉及之議題。第四章再以「諸「典範人格」間二者換用於相同議題之意義與作用」，探討各種議題與相同脈絡中，不同「典範人格」所呈顯的不同的意義與作用。第五章以「諸「典範人格」並列連用之分殊與總體融貫性意義」，探討諸「典範人格」在同一問題中，「並列連用」時所側重的不同義蘊，並回歸「莊子」思想的「普遍性」問題，根據其「宏觀性基準」，連繫各「典範人格」於不同脈絡間的意義與作用，嘗試建構出具有內在關係的詮釋架構。最後，結論則基於本研究之動機與立場，回顧各階段的成果，反思本論文於《莊子》相關研究中的意義與限制。

第二章 「莊子」思想的歷史省察

　　本章主要目的，在於探討「莊子」思想於思想史上的背景問題，相應於此，本章首先要問的是：「莊子」思想的歷史性理解如何可能？在諸種可能之中，我們又將採取什麼樣的「史觀」與「史料」進行討論？對此，凱斯‧詹京斯（Keith Jenkins），曾對「歷史」作出了一個定義，值得我們思考：

　　　　歷史是一種移動的、有問題的論述。表面上，它是關於世界的一個
　　　　面相──過去。它是由一群具有當下心態的工作者（在我們的文化
　　　　中，絕大部分的這些工作者都受薪）所創造。他們在工作中採互相
　　　　可以辨認的方式──在認識論、方法論、意識型態和實際操作上都
　　　　有一定的立場。而他們的作品，一但流傳出來，便可能遭致一連串
　　　　的被使用和濫用。這些使用和濫用在邏輯上是無窮的，但在實際上
　　　　通常與一系列任何時刻都存在的權力基礎相對應，並且沿著一種從
　　　　支配一切到無關緊要的光譜，建構並散布各種歷史的意義。〔註1〕

詹京斯對於「歷史」的定義，主要是針對「歷史」在某種情境下，其被建構的意義，乃繫乎目的、方法、權力基礎等種種關係之間的配合與應用，對此，我們並不難理解「歷史」在不同知識社群的構造作用的社會性需求、意義與效用。事實上，相應於本文之「研究動機」，本文對於《莊子》文本內在歷史世界的揭明，必須針對「理解」上的一致性與適切性，擇取相應「視域」的史觀，對史料進行詮釋的工作。對此，本文將對《莊子》文本進行層層探問，

〔註1〕原文見 Keith Jenkins,*"Re-thinking History"*（London and New York：Routledge. 1992）,p26.；中譯參考賈士蘅譯《歷史的再思考》（台北：麥田出版社，2006 年 8 月），頁 120～121。

以揭顯其內在的歷史情境，進行「同情的」理解。所謂「內在歷史情境」在此係指：作者為了回應文本書寫之外的「現實世界」，由自身的理解、詮釋與評價，逐一地將政治、社會等歷史問題，隱然地內蘊於文本的「情境」之中。〔註2〕依此，本章的問題在於：

（一）《莊子》文本內在了什麼樣的「歷史情境」？

（二）相應於此「歷史情境」，《莊子》又涵藏了什麼「問題意識」？

（三）「莊子」之「典範人格」的提出於其總體思想相應的歷史情境中，又代表了什麼樣的意義？

針對（一）與（二），其「歷史情境」與「問題意識」實屬於互為表裡的關係。因此，本文將從《莊子》內蘊的「問題意識」回溯以及探察《莊子》內在的歷史情境；再進一步針對（三），說明「典範人格」的提出，於《莊子》內在歷史情境中的歷史意義。

準此，《莊子》所涵蘊的「問題意識」主要可從兩個層面進行理解：（一）「周文疲弊」的歷史情境；（二）「百家爭鳴」的歷史情境。以下將分別說明：

第一節　「周文疲弊」的歷史情境
——以《莊子》文本為理解核心

假如我們籠統地以「周代文化」去理解「周文疲弊」之「周文」的義蘊，那麼此「周代文化」作為一個「概念」（concept）而言，其「內涵」（intension）將涉及天文、宗教、歷法、算術、政治、制度、社會等諸多面相，則它的「外延」（extension）亦顯得廣泛而不著邊際，而無法顯示「疲弊」所涵蘊的問題。故牟宗三於其名著《中國哲學十九講》提出「周文疲弊」的觀念以說明「諸子思想的起源」的歷史情境時，其對「周文」的詮釋，乃是藉由孔子說「郁

〔註2〕　保羅・利科（Paul Ricoeur,1913～2005）於《歷史與真理》（*Histoire et véritýe*）一書中，曾對哲學家思想與其時代之關係的思考問題，提供這樣的觀念：「哲學家如何表明他的處境？很顯然，一種偉大的哲學的社會和政治處境並不是清楚地出現在其本文中；處境沒有被提到，也沒有被指明；不過它那還是表現出來了。處境通過哲學家提出的問題，以某種非常間接的方式表現出來了；換句話說，處境歷經的某種變化，某種重新評價；處境從歷經過的處境，變成了一個約定的問題，一個講述和陳述的問題。這表示什麼意思？我們提出第一種看法，這個看法乍看起來無足輕重，但實際上很重要：它就在一種解釋中，哲學家能顯示他的時代。參見氏著（上海：上海譯文出版社，2004年11月），頁57。

郁乎文哉，吾從周」的脈絡，理解爲「周公制的禮」，與其內蘊之「親親」、「尊尊」精神。〔註3〕無獨有偶地，徐復觀則依據「宗教爲文化起源」的觀點，從「宗教」與「人文」之間的轉化關係，說明「周代文化」在「宗教人文化」的過程後，以「禮」爲中心的性格。〔註4〕而錢穆所云古代學術在於「禮」，學者在於「史」的說法，則又從「學術」的立場上，說明「禮」在周代社會文化中的樞紐性地位。〔註5〕則本節所稱「周文疲弊」主要是指周代「禮」之精神在歷史發展的過程中，其「貴族社會」的結構，因應各種時代變化的因子，逐漸衰微、變化乃至於產生流弊。以研究取向而言，史學家們對於周代社會情境中，「禮」的起源、「禮」的種類、「禮」的運用乃至於行爲、活動，都有相當豐碩的研究成果。

然而本節在此要探究的並不是「禮」於周代社會中，「形器」層面的問題，而是在《莊子》文本「重言」、「寓言」、「卮言」的理路脈絡中，將其中潛在對於「周文疲弊」或是「禮壞樂崩」的歷史情境輔以史實記載的理解予以詮釋。

一、現象一：「以物易其性」

所謂「以物易其性」（《莊子・駢拇》），主要是說人的自然天眞之性，由於受到社會價值與環境的過度支配而受到扭曲、壓迫的現象。在《莊子》文本中，往往有許多批判性的線索，如：

> 今世之仁人，蒿目而憂世之患；不仁之人，決性命之情而饕貴富。故意仁義其非人情乎！自三代以下者，天下何其囂囂也？且夫待鉤繩規矩而正者，是削其性者也；待繩約膠漆而固者，是侵其德者也；屈折禮樂，呴俞仁義，以慰天下之心者，此失其常然也。天下有常然。常然者，曲者不以鉤，直者不以繩，圓者不以規，方者不以矩，附離不以膠漆，約束不以纆索。故天下誘然皆生而不知其所以生，同焉皆得而不知其所以得。故古今不二，不可虧也。則仁義又奚連連如膠漆纆索而遊乎道德之間爲哉，使天下惑也！〔註6〕

〔註3〕 牟宗三：《中國哲學十九講》（收錄於《牟宗三先生全集》第 29 冊）（台北：聯經出版社股份有限公司，2003 年 4 月），頁 57～60。

〔註4〕 徐復觀：《中國人性論史》（台北：商務印書館，2003 年 10 月），頁 15～62。

〔註5〕 錢穆：《國史大綱》（上）收錄於《錢賓四先生全集》第 27 冊（台北：聯經出版社股份有限公司，1998 年 5 月），頁 74～78、102～105。

〔註6〕 王叔岷：《莊子校詮・駢拇》，頁 313～314。

對此，「莊子」的問題意識在於：「仁義本身不是應該合於人情嗎？爲什自三代以來，天下仍如此紛擾？」試從其觀，〈駢拇〉所謂的「仁義」，非如《孟子・告子上》所云：「仁義禮智，非由外鑠我也，我固有之也」。〔註7〕而是被形式化爲「規矩」、「繩索」、「膠漆」、「鉤」之類屬的「工具性價值」（instrumental value）。如此，人之自然天性反而受到桎梏。故其所謂「屈折禮樂」、「呴俞仁義」，從「行爲者」，也就是「莊子」所云「仁人」的觀點看來，由於其「慰天下之心」的憂患意識，反而使「仁義」、「禮樂」等「內在性價值」的實踐，陷落於形式上的規約。如是，則「被行爲者」之自然天性，爲了滿足此中的規範，反而失其「常然」，而不能自然地變化、發展。

實際上，當我們考察先秦的典籍，經常可以發現春秋、戰國之際的「仁義」或是「禮樂」往往成爲一種外在形式的「價值規範」或者「制度結構」，例如：以春秋之際戰爭結果的三種類型：（1）「請遷」與「強遷」，〔註8〕（2）「取田邑」，〔註9〕（3）「滅國」〔註10〕論之，其中「滅國」一項，多半爲中原的諸侯國將蠻、戎、夷、狄各部落消滅，中國之諸侯彼此互相消滅的情況幾乎不多，因此《左傳・昭公十一年》記載：「楚之滅蔡也……平王即位，既封陳、蔡，而皆復之，禮也。隱大子之子廬歸於蔡，禮也。悼大子之子吳歸於蔡，禮也」〔註11〕又《左傳・隱公十一年》記載：「秋七月，公會齊侯、鄭伯伐許。……齊侯以許讓公。公曰：『君謂許不共。許既伏其罪矣，雖君有命，寡人弗敢與聞。』」〔註12〕皆說明了春秋之時，即使諸侯國之間有「滅國」的

〔註7〕 〔漢〕趙歧注〔宋〕孫奭疏〔清〕阮元校勘：《孟子注疏》，（台北：藝文印書館影印（清）嘉慶二十年重刊宋本，1997年8月），卷十一上，頁195。

〔註8〕 「請遷」是指戰勝國將戰敗國的人民遷往他地，雖然爲臣屬，但還未失其「國」，亦有弱國不能自保，而請遷於大國，以求保護者；「強遷」與「請遷」原則上並沒有什麼不同，主要是造成一「國」所容納的人民較多，亦無失其「國」的問題。參見瞿同祖：《中國封建社會》（上海：2006年4月），頁194～195。

〔註9〕 「取田邑」係指：戰勝國將戰敗國的田邑奪爲己有。參見瞿同祖：《中國封建社會》，頁195。

〔註10〕 「滅國」主要是滅而俘其君以歸，或送其出境，不復有「國」。參見瞿同祖：《中國封建社會》，頁195～196。

〔註11〕 〔晉〕杜預注、〔唐〕孔穎達等正義、〔清〕阮元校勘：《春秋左傳正義》，（台北：藝文印書館影印（清）嘉慶二十年重刊宋本，1997年8月），卷四十六，頁814。

〔註12〕 〔晉〕杜預注、〔唐〕孔穎達等正義、〔清〕阮元校勘：《春秋左傳正義》，卷四，頁80。

情形，但往往也有「復封」的現象。

順此，「滅國復封」雖然仍具有相當程度的「禮」、「義」規範，但是回歸原初「宗法制度」下的封建貴族社會結構來看，諸侯之間的兼併，在歷史意義上，仍呈顯出周王室於統治權力上的衰退與封建制度的崩解，此與《詩‧小雅‧北山》所云：「溥天之下，莫非王土，率土之濱，莫非王臣」〔註13〕的歷史情境已大不相同。依此，「滅國復封」在形式上的「禮」、「義」規範，在當時其實已徒具虛文，而不再是以「仁」、「義」本身爲內在價值（intrinsic value）的具體實踐（「禮」）。事實上，從楚國、吳國、越國、齊國、秦國的「僭越稱王」，晉國包圍周天子邑等史實，自不難理解當時「禮壞樂崩」的情形。

但值得注意的是：「禮壞樂崩」的焦點並不只在「無禮」上，而是如同孔子所云：「天下有道，則禮樂征伐自天子出；天下無道，則禮樂征伐自諸侯出」（《論語‧季氏》）〔註14〕的情況，即前文所及「滅國復封」正說明「禮樂征伐」等社會行爲、規範的標準，已逐漸爲「諸侯」所控制。

嘗試論之，「禮樂征伐」所以自「諸侯」出，不外乎「稱霸天下」、「兼併天下」的目的性需求。回應此歷史情境，孟子曾有「王霸之辨」，其曰：「以力假仁者霸，霸必有大國，以德行仁者王，王不待大。……以力服人者，非心服也，力不贍也；以德服人者，中心悅而誠服也」〔註15〕（公孫丑上），其中「以力假仁者霸」，朱熹注曰：「力，謂土地甲兵之力。假仁者，本是無心，而借其事以爲功者也。霸，若齊桓、晉文是也。以德行仁，則自吾之得於心者推之，無適而非仁也。」〔註16〕此中，「假仁」正說明其「仁」已成爲諸侯成就霸業時的「用具」，而非如《尚書‧康誥》所云：「天畏棐忱，民情大可見。小人難保；往盡乃心，無康好逸豫，乃其乂民」〔註17〕中，「往盡乃心」

〔註13〕〔漢〕毛公傳、鄭玄箋、〔唐〕孔穎達正義、〔清〕阮元校勘：《毛詩正義》，（台北：藝文印書館影印（清）嘉慶二十年重刊宋本，1997年8月），卷十三之一，頁444。

〔註14〕〔魏〕何晏注、〔宋〕邢昺等疏、〔清〕阮元校勘：《論語注疏》，（台北：藝文印書館影印（清）嘉慶二十年重刊宋本，1997年8月），卷十六，頁147。

〔註15〕〔漢〕趙歧注、〔宋〕孫奭疏、〔清〕阮元校勘：《孟子注疏》，（台北：藝文印書館影印（清）嘉慶二十年重刊宋本，1997年8月），卷三下，頁63。

〔註16〕〔宋〕朱熹：《孟子集注》（收錄於《四書章句集注》本）（北京：中華書局，2006年11月），卷三，頁235。

〔註17〕〔舊題〕孔安國傳、〔唐〕孔穎達等疏、〔清〕阮元校勘：《尚書正義》，（台北：藝文印書館影印（清）嘉慶二十年重刊宋本，1997年8月），卷十四，頁202。

如保赤子般的誠命，所以朱熹說「本是無心，借其事以爲事功」即說明此情境；則「禮樂征伐自諸侯出」所涵蘊的意義，不僅指向周代封建貴族秩序的失衡，同時也意蘊了當「仁義」、「禮樂」淪爲統治上，價值規範的「用具」時，諸侯們以此支配人民的同時，亦受此一形式上虛文的制約。

《莊子・田子方》曾載：「中國之民，名乎禮義，而陋乎知人心」〔註18〕透顯了當時「禮義」繫乎於「名」的客觀理解。其「人心」與「禮義」之間的關係，往往僅存在對象性的認知與符應，而忽略了「符應」內具的框架性與「人心」的離、合調適問題。順此，「莊子」又云：

> 有虞氏招仁義以撓天下也，天下莫不奔命於仁義，是非以仁義易其性與？故嘗試論之，自三代以下者，天下莫不以物易其性矣。小人則以身殉利，士則以身殉名，大夫則以身殉家，聖人則以身殉天下。故此數子者，事業不同，名聲異號，其於傷性以身爲殉，一也。〔註19〕

「有虞氏」在此不啻是一種象徵「聖人」的價值性符號；一般人認爲這段文字旨在表現《莊子》對「儒家」之「聖人」義的批判，然就本節而言，這卻不是焦點。除了「有虞氏如何招仁義？、如何擾天下？」的事實問題之外，其「重言」論述策略的表述方式，亦使得此處未必僅能以歷史上的事實進行理解。因此，我們的焦點在於：據文章脈絡而言，「招仁義」與「奔命於仁義」即說明了領導者以「仁義」作爲「用具」而施之於領導、統御上的價值義涵；追隨者「奔命於仁義」也說明此處之「仁義」爲外在認知上的對象物，與前引孟子曰：「仁義禮智，我故有之，非由外鑠我也」（告子上）的「仁義內在」大不相同；故「莊子」在此處主要說明「是非以仁義易其性」以至於「天下莫不以物易其性」的「歷史情境」。

順此，「小人以身殉利」、「士以身殉名」、「大夫以身殉家」、「聖人以身殉天下」，分別從不同階層的心理或生理欲求，說明他們「以物易其性」的情況。此中，「小人」在《莊子》文本，主要是針對「君子」而言，故〈大宗師〉裡「天之小人，人之君子；人之君子，天之小人也。」，〔註20〕〈馬蹄〉篇有「夫至德之世，同與禽獸居，族與萬物並，惡乎知君子小人哉！」；〔註21〕〈山木〉篇有

〔註18〕王叔岷：《莊子校詮・田子方》，頁771。

〔註19〕王叔岷：《莊子校詮・駢拇》，頁319～320。

〔註20〕王叔岷：《莊子校詮・大宗師》，頁256。

〔註21〕王叔岷：《莊子校詮・馬蹄》，頁335。

「君子之交淡若水，小人之交甘若醴；君子淡以親，小人甘以絕。」；〔註22〕
〈盜跖〉篇有「小人殉財，君子殉名」〔註23〕等記載，無論是將「小人」與「君
子」作為人格上「價值判斷」的類型象徵，或是對此「價值判斷」的反思、鬆
動。「小人」在《莊子》文本中，對顯於「君子」之觀念，皆自「價值問題」延
伸出各種義涵。那麼「小人」在此段與「士」、「大夫」、「聖人」並列的脈絡義
中，《莊子》主要呈顯當時「利」、「名」、「家」、「天下」作為「小人」、「士」、「大
夫」、「聖人」等不同類型人物的生命關懷與欲求目標，但是當「身」、「心」、「性」、
「命」為達其欲望目標的完成，而受到過度扭曲的同時，「欲求」與「保身」、「全
生」（〈養生主〉）〔註24〕卻呈現了一種詭譎的衝突。

　　相應於此，史書也往往有相關的記載，如《史記‧孟嘗君列傳》所載「狗
盜者」、「雞鳴者」幫孟嘗君化解險遭秦昭王殺害的危境。此中，除了顯示孟
嘗君識人之見外；「狗盜者」冒死盜取「狐白裘」、「雞鳴者」仿雞聲出函谷關
的經過，〔註25〕自是因其「身體條件與功能」對於孟嘗君的「用具性價值」
而有謀其「利」的籌碼。

　　其次，「士以身殉名」，在「觀念」上，「莊子」並非盡指所有的「士」皆
「以身殉名」，而是指迷失於「名」所涵攝之種種社會價值的追逐，故〈大宗
師〉曰：「行名失己，非士也」〔註26〕即有此義。例如：《史記‧孫子吳起列
傳》中曾記載：「齊人攻魯，魯欲將吳起，吳起取齊女為妻，而魯疑之。吳起
於是欲就名，遂殺其妻，以明不與齊也。」顯見吳起愛「名」而殉他人之「身」，
然其「節廉而自喜其名」，先後事魏文侯、魏武侯、楚悼王，皆收富國強兵之
效，最後卻因「刻暴少恩」，遭楚之貴族殺害，〔註27〕即「以身殉名」之事例。

　　復次，對於「大夫以身殉家」之「歷史情境」的理解，首先須回到封建

〔註22〕王叔岷：《莊子校詮‧山木》，頁743。
〔註23〕王叔岷：《莊子校詮‧盜跖》，頁1198。
〔註24〕「保身」、「全生」見於《莊子‧養生主》：「吾生也有涯，而知也無涯，以有
　　　　涯隨無涯殆已。已而為知者，殆而已矣。為善無近名，為惡無近刑，緣督
　　　　以為經，可以保身，可以全生，可以養親，可以盡年。」主要說明在「生有
　　　　涯」的有限性中，關於「知」之無窮追逐問題的消解，並藉由消解其作用上
　　　　的「是非」、「名刑」框架性價值，以獲致「保身」、「全生」、「養親」、「盡年」
　　　　的生命意義，引文參見王叔岷：《莊子校詮》，頁99。
〔註25〕〔漢〕司馬遷：《史記‧孟嘗君列傳》（台北：鼎文出版社，1991年5月），卷
　　　　七十五，頁2354～2355。
〔註26〕王叔岷：《莊子校詮‧大宗師》，頁209。
〔註27〕〔漢〕司馬遷：《史記‧孫子吳起列傳》，卷六十五，頁2165～2169。

制度下，「卿大夫」階級與「家」之權力範圍所代表的意義進行討論：

（一）以階級觀之，「卿大夫」位居「天子」、「諸侯」兩個階級之下，若將其細分又可分為「卿」與「大夫」兩個階級，其中「卿」有「正」、「副」之分；「大夫」亦有上下之分，「卿」主要服侍「諸侯」與「天子」，〔註28〕地位高於「大夫」，而「大夫」受命於「卿」以輔佐國事。〔註29〕

（二）就權力範圍論之，「家——國——天下」形成封建社會之政治與宗教之秩序結構，「家」主要是卿大夫的采邑與其小型政體，設有「宗廟」；「國」是諸侯封地之城，設有「社稷」（也包括「宗廟」）；「天下」則是王的統治之地，設有「明堂」（也包括「宗廟」、「社稷」）。〔註30〕

因此在詮釋上，此處之「大夫」應包括「卿」與「大夫」兩個類別。則「大夫以身殉家」之義蘊，當以「卿」、「大夫」之「身體」、「性命」於其「家」所涉及之諸面向之議題的損耗、殺傷進行理解。

例如：「國」的政權爭奪，《史記・晉世家》記載：「晉大臣潘父弒其君昭侯而迎曲沃桓叔。桓叔欲入晉，晉人發兵攻桓叔。桓叔敗，還歸曲沃。晉人共立昭侯子平為君，是為孝侯。誅潘父。」〔註31〕此中，潘父在操弄政權的過程中，不僅失敗也賠上了性命。

又如：「家」政權的維護，《左傳・哀公十五年》記載：「季子曰：『食焉，不辟其難。』……季子曰：『是公孫也，求利焉，而逃其難。由不難，利其祿，必救其患。』」〔註32〕順此，子路的勇氣誠為後世感佩，然其護孔悝心切的過

〔註28〕楊寬曰：「按禮，『大國三卿皆命於天子』，『次國三節，二卿命於天子』（《禮記・王制》）。這種制度是用來幫助天子控制諸侯的，看來曾實行過。到春秋時，周天子號令不行，但是有時在形式上，諸侯的上卿還由周天子任命。這種由周天子任命的卿，就叫作『命卿』，或『王之守臣』。按禮，卿大夫對諸侯也有許多必須服從的義務，大體上和諸侯必須服侍天子的義務相同。詳見氏著：《西周史》，頁426。

〔註29〕瞿同祖：《中國封建社會》，頁110～135。

〔註30〕關於「家——國——天下」在宗法制度下的封建秩序結構，請參見王健文：《奉天承運——古代中國的「國家」概念及其基礎》（台北：東大圖書公司，1995年6月），頁135～190；杜正勝：《周代城邦》（台北：聯經出版事業公司，1985年8月）。

〔註31〕〔漢〕司馬遷：《史記・晉世家》，卷三十九，頁1638。

〔註32〕〔晉〕杜預注、〔唐〕孔穎達等正義、〔清〕阮元校勘：《春秋左傳正義》，卷

程中,「以直而行」的抉擇,卻也傷及了自己的生命。

最後要說明「聖人以身殉天下」的「歷史情境」,由於「聖人」牽涉到本論文之核心議題,在此僅先就本段脈絡進行理解。順此,「聖人」作爲「以身殉天下」者,則「天下」應爲「聖人」的主要的生命關懷,但此處之「聖人」非廣義的指融於政治、社會、學術爲一體的「聖人」,而是偏向政治上的「統治者」而言。

然而無論是作爲「政治上」之統治者的「聖人」,或者是「唯利」的「小人」、「唯名」的「士」、「唯家」的「大夫」等「生命關懷」不同類型的人們,往往「以物傷性」甚而傷及其身,故《莊子·駢拇》又說:「伯夷死名於首陽之下,盜跖死利於東陵之上,二人者,所死不同,其於殘生傷性,均也。」〔註33〕順此,在《莊子》所呈顯的「歷史情境」裡,儘管人們之生命情調與生活意義各有所異,但是「以物傷性」乃至於「以身爲殉」在《莊子》「保身」、「全生」的生命關懷裡,其「生命意義的實踐」與「身心性命的存養」之間,顯然彼此「衝突」。

二、現象二:「好知而亂天下」

延續「以物易其性」的討論,「好知而亂天下」主要是說政治、社會上的領導者,依其工具或是理念層面的需要,迷失與過度依賴於信念的組織及其實際運用的功效,進而造成社會紛亂的現象。順此,《莊子·胠篋》有云:

> 上誠好知而無道,則天下大亂矣。何以知其然邪?夫弓弩畢弋機變之知多,則鳥亂於上矣;鉤餌罔罟罾笱之知多,則魚亂於水矣;削格羅落罝罘之知多,則獸亂於澤矣;知詐漸毒頡滑堅白解垢同異之變多,則俗惑於辯矣。故天下每每大亂,罪在於好知。故天下皆知求其所不知而莫知求其所已知者,皆知非其所不善而莫知非其所已善者,是以大亂。故上悖日月之明,下爍山川之精,中墮四時之施;惴耎之蟲,肖翹之物,莫不失其性。甚矣夫 好知之亂天下 也!自三代以下者是已,舍夫種種之民而悅夫役役之佞,釋夫恬淡無爲而悅夫啍啍之意,啍啍已亂天下矣。

所謂「上誠好知而無道,則天下大亂」點出「知」與「道」之間的互動問題,

五十九,頁 1036。
〔註33〕王叔岷:《莊子校詮·駢拇》,頁 320。

「好知」無疑是指在上位者或指領導者們,「好行其智,得其功效」以延伸對於「知」的追求,「無道」則是「好知」的實踐過程中,失序且失速的情形。推究其因,仍不離「功利」層面的思考行動中,相應而來的社會問題。故〈胠篋〉所云「功弩」、「鉤餌」、「羅落」等,往往都是做為獲得「鳥」、「魚」、「獸」之目的的「工具」,因此當「知」的生產、競逐只為了當權者或少數人的利益時,相對地,受支配的一方也就會受到壓迫而「失其性」。

事實上,「好知而亂天下」的情況,於春秋、戰國之際時有所見,在封建制度瓦解,國家型態逐漸改變的過程中,因應軍國擴張的需求,改革圖強成為國家的首要目標,相應於此,落居「平民」之階的「士」與「平民」也依其能力,有別於舊「王官學」的傳統而有了新的「用具性價值」。例如:前述之吳起、子路等,又如蘇秦與張儀兩人雖然站在不同的立場,但對當時的政治情勢卻佔有舉足輕重的地位。其具體事件如「蘇秦為趙合縱」、〔註34〕「張儀為秦破縱連橫」(《戰國策·楚策》);〔註35〕「張儀為秦連橫說齊王」(《戰國策·齊策》);〔註36〕「蘇秦為趙王使於秦」(《戰國策·趙策》);〔註37〕「蘇秦為楚合縱說韓王」、〔註38〕「張儀為秦連橫說韓王」(《戰國策·韓策》);〔註39〕「蘇秦將為縱北說燕文侯」、〔註40〕「張儀為秦破縱連橫謂燕王」(《戰國策·燕策》)〔註41〕足見蘇秦與張儀兩人當時在各國左右政治的影響力,故司馬遷說:「此兩人真傾危之士哉!」〔註42〕嘗試論之,不論是蘇秦以六國立場出發的「合縱」,或是張儀以秦國立場出發的「連橫」,其「獻策」、「游說」等「知」,在諸侯「富國強兵」或是「兼併天下」的政治現實上,取得相當多的「功效」。而諸侯間基於「求士若渴」的「好知」需求,販賣「功利之知」遂成為「士」或「布衣百姓」晉身權貴的有利條件。於是「好知」就漸漸成為當時普遍的社會價值。

對此,「莊子」進一步反思「好知」的問題,其曰:「天下皆知求其所不

〔註34〕何建章:《戰國策注釋》(北京:中華書局,1996年7月),卷十四,頁508~513。

〔註35〕何建章:《戰國策注釋》,卷十四,頁514~521。

〔註36〕何建章:《戰國策注釋》,卷八,頁331~521。

〔註37〕何建章:《戰國策注釋》,卷十八,頁643~644。

〔註38〕何建章:《戰國策注釋》,卷二十六,頁967~973。

〔註39〕何建章:《戰國策注釋》,卷二十六,頁974~979。

〔註40〕何建章:《戰國策注釋》,卷二十九,頁1081~1084。

〔註41〕何建章:《戰國策注釋》,卷二十六,頁1095~1097。

〔註42〕〔漢〕司馬遷:《史記·張儀列傳》,卷七十,頁2304。

知而莫知求其所已知者，皆知非其所不善而莫知非其所已善者，是以大亂。」
此中又蘊涵了兩層問題，首先是「知」的發展問題；其次是「知」的價值問
題，而「發展」的準則又取決於「價值」的認同。則同上所述，就《莊子》
內在的「歷史情境」論之，「稱霸天下」的政治氛圍，亦使得「知」發展與價
值的問題，環繞於政治上功利效用的考慮。但這種對於「知」之功效的運用，
卻也衍生了許多問題，如《莊子・人間世》所云：「知出乎爭」、「知者也，爭
之器也」。〔註43〕就「目的動機」而言，當「知識」的生產成爲鬥爭、殺伐的
工具時，無疑將成爲可怕的人間凶器。此又如上述蘇秦、張儀等遊士之說，
雖然只是一計之策，但往往牽涉到一國之興亡。所以《莊子》所說「悅夫役
役之佞」、「悅夫噆噆之意」所造成「天下大亂」（《莊子・胠篋》）即是針對這
種情況而言。

　　事實上，《莊子》內在的「歷史情境」中，「知怎麼用、用於何處」的問
題，往往是「天下治亂」的關鍵。除了上述「兼併天下」的目的中，陷溺於
「知」的供需問題外，當「知」也成爲盜賊之工具時，亦將帶來很大的災難，
故《莊子・胠篋》曾記載：

　　　跖之徒問於跖曰：「盜亦有道乎？」跖曰：「何適而無有道邪！夫妄
　　　意室中之藏，聖也；入先，勇也；出後，義也；知可否，知也；分
　　　均，仁也。五者不備而能成大盜者，天下未之有也。」由是觀之，
　　　善人不得聖人之道不立，跖不得聖人之道不行；天下之善人少而不
　　　善人多，則聖人之利天下也少而害天下也多。〔註44〕

「天下之善人少而不善人多」固然是一種情境上的預設而非必然的事實，但
是當「聖」、「勇」、「義」、「知」、「仁」等價值信念，變成「盜亦有道」的原
理原則時，其「聖」、「勇」、「義」、「知」、「仁」原先正面積極之內在原則，
轉而統攝於「大盜」的內涵之中，則此等內在原則也將成爲「大盜」的實現
之理，而造成混亂。故「莊子」援引史例說：「田成子一旦殺齊君而盜齊國。
所盜者豈獨齊國耶？並與其聖知之法而盜之。」〔註45〕顯見田成子（陳恆）
能成其盜，亦在其對「聖明之法制」的運用。由此，即不難理解《莊子》內
在的「歷史情境」中，「好知而亂天下」所造成的種種亂象。

〔註43〕王叔岷：《莊子校詮・人間世》，頁119。
〔註44〕王叔岷：《莊子校詮・胠篋》，頁350。
〔註45〕王叔岷：《莊子校詮・胠篋》，頁345～346。

三、現象三：「以賞罰爲事」

接續「以物易其性」、「好知而亂天下」的討論，「以賞罰爲事」（《莊子‧在宥》）主要是說統治者治理國家的過程中，依其具體方針、策略的需要，在過度依賴客觀體制建立之功效的情形下，陷溺於「賞罰」機制的落實以確保其運作的現象。對此，可進一步由《莊子‧天地》中的線索來理解：

> 堯治天下，伯成子高立爲諸侯。堯授舜，舜授禹，伯成子高辭爲諸侯而耕。禹往見之，則耕在野。禹趨就下風，立而問焉，曰：「昔堯治天下，吾子立爲諸侯。堯授舜，舜授予，而吾子辭爲諸侯而耕，敢問，其故何也？」子高曰：「昔堯治天下，不賞而民勸，不罰而民畏。今子賞罰而民且不仁，德自此衰，刑自此立，後世之亂自此始矣。夫子闔行邪？無落吾事！」俋俋乎耕而不顧。〔註46〕

據此，禹跟柏成子高的對話，係《莊子》「三言」表述形式之「重言」一類。主要是透過上古人物對話，寓託「莊子」對於現實社會的批判。依此，從柏成子高從「立爲諸侯」到「辭爲諸侯而耕」的變化，主要是因爲堯到禹之間的政治作爲，從「不賞不罰」轉變爲「賞罰刑立」，在治理的效果上，人民卻由「勸」、「畏」變成「不仁」、「德衰」，雖然「莊子」不一定如孔子所謂「風行草偃」〔註47〕般地「以德化天下」，但是在「莊子」的價值認知裡，「賞罰」的確立並非治國之必然良方。但是當我們進一步回顧當時的史實，即可發現「賞罰」往往是「富國強兵」的需求下，確保其客觀體制的機制，如：

（一）魏文侯時期，李悝編制《法經》，包含「盜法」、「賊法」、「囚法」、「捕法」、「雜法」、「具法」等內容，〔註48〕以維持社會穩定。

（二）齊威王時，鄒忌「請謹脩法律而督姦吏」（《史紀‧田敬仲完世家》），〔註49〕改革齊國的氣象。

（三）秦孝公時，商鞅實行「連坐罰」、「輕罪用重罰」、「用軍功賞賜的二十等爵制度」等，〔註50〕使秦國躍昇爲一等強國。

〔註46〕 王叔岷：《莊子校詮‧天地》，頁 432。

〔註47〕 原文爲子曰：「君子之德，風；小人之德，草；草上之風，必偃。」（《論語‧顏淵》），引自〔魏〕何晏注、〔宋〕邢昺等疏、〔清〕阮元校勘：《論語注疏》，卷十二，頁 109。

〔註48〕 李悝的《法經》現已亡佚，其內容主要散見史書之〈刑法志〉中。

〔註49〕 〔漢〕司馬遷：《史記‧田敬仲完世家》，卷四十六，頁 1890。

〔註50〕 參見楊寬《戰國史》（台北：商務印書館，2004 年 7 月），頁 204～206，249

此中，各種「賞罰」制度爲各國之「富國強兵」帶來相當大的客觀效果，甚至對後世有卓著的影響，〔註51〕但是在「莊子」的視域裡，過度迷失於「賞罰」的功能性作用，卻常使人民陷於「鼎鑊刑具」的處境中，如上述商鞅的「連坐罰」，爲了達成「『重刑連其罪，則民不敢試』民不敢試，故無刑也」〔註52〕的目的，告發者如同獲得軍功，不告發者要「腰斬」。〔註53〕那麼人民的心裡常常處於「惴慄不安」、「誠惶誠恐」的心理下，顯得無所安適。故《莊子‧在宥》曰：「自三代以下者，匈匈焉終以賞罰爲事，彼何暇安其性命之情哉！」〔註54〕即點出當時的情境中，「賞罰」機制對於人民的宰制與桎梏。

　　順此，我們也可從「莊子」對「賞罰」的態度，思考「以賞罰爲事」的情形，其曰：

> 是故古之明大道者，先明天而道德次之，道德已明而仁義次之，仁義已明而分守次之，分守已明而形名次之，形名已明而因任次之，因任已明而原省次之，原省已明而是非次之，是非已明而賞罰次之。賞罰已明而愚知處宜，貴賤履位；仁賢不肖襲情，必分其能，必由其名。以此事上，以此畜下，以此治物，以此修身，知謀不用，必歸其天，此之謂大平，治之至也。〔註55〕

據此，「天」、「道德」、「仁義」、「分守」、「形名」、「因任」、「原省」、「是非」、「賞罰」呈顯出以「天」爲首的「等差序列」，在此序列中，每一個「前項」分別爲每一個「後項」的前提，第一個「後項」又是第二個「後項」的「前項」，依此類推。此中，「分守」是指能夠持守親疏、尊卑之分；〔註56〕「因任」或可理解爲「因材而授任」；〔註57〕而「原省」之「原」或與「源」通，

〔註51〕李悝編制的《法經》，除了影響商鞅的變法，亦遠及秦、漢兩代的法律的制定。參見楊寬《戰國史》，頁191～215。
〔註52〕蔣禮鴻：《商君書錐指‧賞刑》（北京：中華書局，1996年9月），頁96～97。
〔註53〕〔漢〕司馬遷：《史記‧商君列傳》記載：「令民爲什伍，而相牧司連坐。不告姦者腰斬，告姦者與斬敵首同賞，匿姦者與降敵者同罰。」從其罰民等同「軍法」的處境看來，並不難理解其「賞罰」措施，往往指向「軍國擴張」以致「兼併天下」的目標。詳氏著，卷六十八，頁2230。
〔註54〕王叔岷：《莊子校詮‧在宥》，頁371～372
〔註55〕王叔岷：《莊子校詮‧天道》，頁482。
〔註56〕參見王叔岷：《莊子校詮‧天道》，頁843。
〔註57〕參見方勇、陸永品：《莊子詮評》（成都：四川出版集團巴蜀書社，2007年5月二版），頁419。

或與「省」通，〔註58〕皆有省察衡度之意。因此，明「天」是所有項的最大前提與原則，明「賞罰」則是最為末流之事。雖然「莊子」此處將「形而上」的原理原則到「形而下」的具體事用，皆內涵於「治之至」的義蘊中，但「必歸於天」的終極前提，仍是以「順應自然」（《郭象注》曰：「天者，自然也。自然既明，則物得其道也」）〔註59〕的原則思維所進行的發展。則外篇〈天道〉此處所肯定之「刑罰」，無論是後代學者所云的「述莊派」、「無君派」或是「黃老派」，〔註60〕其「賞罰」仍應以「自然」為主要的依歸。

在前段中，本文曾舉商鞅「連坐法」為例，說明過度依賴「罰」的情形下，「罰」對於人民的桎梏。其實就「賞」的情況而言也是相同的，如商鞅以「軍功」為準則的「二十等爵制」，〔註61〕使人民容易競逐於「軍功」的取得，則當時秦國社會間自免不離殺戮之氣。推究其因，可溯及《商君書》的「壹賞」原則，其曰：

> 所謂壹賞者，利祿官爵，搏出於兵，無有異施也。夫故知愚，貴賤，勇怯，賢不肖，皆盡其胸臆之知，竭其股肱之力，出使而為上用也。
>
> 天下豪傑賢良從之如流水。是故兵無敵，而另行於天下。〔註62〕

準此，「利祿官爵」之所以繫於「兵」，在目的上，一方面消弭了「知／愚」、「貴／賤」、「勇／怯」、「賢／不肖」的差異。「軍功」的追求也成為社會流動的唯一途徑，使人民願意「盡其知」、「竭其力」；所以對「上位者」而言，「軍功」的「壹賞」原則，是確保「富國強兵」的重要機制。

然而這種處境下的「賞罰」機制，卻容易將人民的生活目標導向「趨利」、「避害」的思維，故《莊子·天道》有云：

> 書曰：「有形有名。」形名者，古人有之，而非所以先也。古之語大道者，五變而形名可舉，九變而賞罰可言也。驟而語形名，不知其本也；驟而語賞罰，不知其始也。倒道而言，迕道而說者，人之所治也，安能治人！驟而語形名賞罰，此有知治之具，非知治之道；可用於天下，不足以用天下，此之謂辯士，一曲之人也。禮法數度，

〔註58〕詳細的討論參見參見王叔岷：《莊子校詮·天道》，頁843。

〔註59〕郭慶藩：《莊子集釋》，頁471。

〔註60〕劉笑敢對《莊子》外雜篇的研究，曾提出莊子後學發展有「述莊派」、「無君派」、「黃老派」的說法。參見氏著：《莊子哲學及其演變》，頁58～98，261～317。

〔註61〕關於商鞅的「二十等爵制」，可參見楊寬：《戰國史》，頁205、249～255。

〔註62〕蔣禮鴻：《商君書錐指·賞刑》，頁96～97。

　　　　形名比詳，古人有之，此下之所以事上，非上之所以畜下也。〔註63〕

依此，「形名」與「賞罰」皆由「大道」所變而歸本於「大道」，則「形名」、「賞罰」雖做為治理天下的工具，但是若不能「視其所以」、「觀其所由」地理解箇中原理，反而「倒道而行」、「忤道而說」，則「形名」、「賞罰」的落實，對於治理天下的效果其實相當的有限，反而是「辯士」或「一曲之人」往往以這些工具事奉君主以達其存在的意義，如前文所述蘇秦、張儀與商鞅等例。故「莊子」認為「形名」與「賞罰」的客觀性價值不在於「上畜下」而在於「下事上」。準此，從「莊子」對於「賞罰」的態度反思當時的史實時，並不難理會「以賞罰為事」的歷史情境中，「賞罰」原為治理人民之客觀機制，卻因執政者的種種需求，忽視個體的差異，導致對個別生命性情的桎梏與枷鎖。

四、小結——「莊子」視域中諸現象所蘊涵之問題

　　本論文根據《莊子》文本內的「問題意識」，推究其內在的「歷史情境」，梳理「以物易其性」、「好知而亂天下」、「以賞罰為事」三個面相，詮釋在「莊子」的視域裡，對於「周文疲弊」的理解。進一步要說明的是：本論文所指的三個現象並非是獨立而無關聯的。「以物易其性」涉及性情與生命的安頓問題；「好知而亂天下」乃就「知」對於當時社會價值的意義進行反思；「以賞罰為事」則是對於「賞罰」之工具性效用的反省。此中，若總括地以「生命存在的意義」思考，「以物易其性」主要就生命存在的內在價價值意義而言；「好知而亂天下」、「以賞罰為事」則是就此價值之具體實踐，提出「工具性價值」的反省。

　　如是，我們當透過「莊子」視域中的三個現象，進一步反轉出各層面所蘊涵之問題，方能更伸入的理解「莊子」對於「周文疲弊」的「問題意識」：

　　（一）人的自然天真之性，如何能安適或免於社會價值與環境的過度支配所受到之扭曲、壓迫，甚至傷生害命？

　　（二）政治、社會或是學術上的領導者，如何消弭過度依賴於信念的組織與知識實際運用的功效以達其目的？

　　（三）統治者治理國家的過程中，如何跳脫「賞罰」機制的落實以確保具體方針之運作所帶來的功效？人民又如何能免於鼎鑊刑具的桎梏？

─────────────

〔註63〕王叔岷：《莊子校詮・天道》，頁482～483。

此中，最根本的問題仍在於「以物易其性」所表徵的「內在價值」問題，「好知而亂天下」、「以賞罰為事」則是從「物」所涵蘊之各種欲求，延伸出之「用具性價值」問題。

第二節 「百家爭鳴」的歷史情境
——以「道術將為天下裂」為詮釋觀點

　　承自上一節「周文疲弊」的討論，章學誠於《文史通義・詩教》嘗云：「周衰文弊，六藝道息，而諸子爭鳴」〔註64〕又云：「戰國之文，其源皆出於六藝，何謂也？曰：『道體無所不該，六藝足以盡之。諸子之為書，其持之有故言之成理，必有得於道體之一端，而後乃能自肆其說，以成一家之言也。』所謂一端者，無非六藝之所該，故推之皆得其本；非謂諸子果能服六藝之教，而出辭必衷於是也。」〔註65〕其在說明「六藝」為古代學術（「道」）的具體內涵，在「周衰文弊」的情況下，諸子百家之學自「六藝」分流而各成其家，其學說亦大體針對當時存在情境所蘊涵的各種問題而發。然而各家學說彼此之間認同與差異的問題就逐漸突顯出來，遂開啓百家爭鳴的盛況。

　　關於先秦學術分流及其思想的評價，古典文獻多有記載，如《荀子・非十二子》、〈解蔽〉將儒分為六、道分為五、法分為三、墨分為二；〔註66〕《韓非子・顯學》將儒分為八、墨分為五；〔註67〕以及《呂氏春秋・不二》、《淮南子・要略》、《漢書・藝文志》、〈司馬談論六家要旨〉等對儒、道、墨、法、名、陰陽等九流十家的論述，皆各自站在不同的立場與目的，進行詮釋與評價。而《莊子・天下篇》於當時的學術氛圍則有「道術將為天下裂」的說法，順此，本節要討論的是：

　　（一）在「道術將為天下裂」的觀點中，「莊子」如何理解諸子學說間的同與異？

　　（二）在這些同與異中，「莊子」又有什麼樣的批判？

　　在討論這兩個問題前，本文對於《莊子》文本中，關於諸子學說的理解與批判，應有「詮釋」上的說明。除了在《莊子》書中，明確批判「儒」、「墨」

〔註64〕〔清〕章學誠：《文史通義・詩教》（北京：中華書局，2005年11月），頁60。
〔註65〕同前註。
〔註66〕李滌生：《荀子集釋》（台北：台灣學生書局，2000年3月），頁93～111。
〔註67〕陳啓天：《增訂韓非子校釋》（台北：台灣商務印書館，1994年11月），頁1～2。

或其它諸子者，歷代論者或以文本中出現對「仁義」、「孔子」、「仲尼」或「聖
人」的批判，作為莊子以至於道家後學對於「儒學的批判」或是「儒學之弊
的批判」；然而這樣的理解應可再進一步的分析與討論：

對於「儒學的批判」或「儒學之弊的批判」問題，主要牽涉「莊子」所
代表的「集體作者」中，對於「儒學本質」及其「發展」、「分歧」、「變異」
的理解。對此，正如《莊子》發展過程中，對於各種思想的吸收與演變，而
「儒學」本身也有相同的情況，實際上，自「孔門四科」〔註68〕到孟、荀思
想的發展以來，「儒學」紛然呈現了「理一分殊」的面貌，因此當我們以「學
派」區分「文本」進行觀察時，往往會發現字面相同的「觀念性辭句」，在「不
同學派」的「文本」中，具有不同的「內涵」，如《孟子》之「仁義」與《莊
子》之「仁義」自不相同；又即使在「相同學派」的「文本」中，字面相同
的「觀念性辭句」，也未必有相同的涵義，如《孟子》之「心」與《荀子》之
「心」；再如《莊子》內篇之「聖人」與外、雜篇之「聖人」的差異。依此，
若我們只簡單地以字面相同的「辭句」（如「仁義」、「孔子」、「仲尼」「聖人」
等）作為不同文本間對話的媒介，則無論是對於「儒學的批判」或「儒學之
弊的批判」，其所謂「批判」，又涉及了「儒學」之何種脈絡？或何種脈絡之
弊？其焦點便顯得模糊而離散。因此本論文並不以「某一子」或「某一學派」
作為思考「『莊子』之諸子學批判」問題的基本單位，而是回到「道術將為天
下裂」的觀點，梳理《莊子》所提出的批判，以其價值判斷（value judgment）
所涉及的現象，作為分析時的依據與理解的準則。

關於「道術將為天下裂」的詮釋，余英時曾自韋伯（Marx Weber, 1864～
1920）、帕森思（Talcott Parsons, 1902～1979）之「哲學的突破」（philosophic
breakthrough）的觀點，理解先秦諸子對於古代詩、書、禮、樂之「王官學」
的繼承，及對現實世界之存在問題的創新詮釋。〔註69〕此說主要是站在探究
思想承變的目的上，賦予學術演變的觀點性詮釋。而本節對於「道術將為天
下裂」的理解，則是把焦點放在《莊子》對於諸子學術的「認知」以至於「批

〔註68〕據《論語·先進》記載：「德行，顏淵，閔子騫，冉伯牛，仲弓。言語：宰我，
　　　　子貢。政事，冉由，季路。文學：子游、子夏。」，則「孔門四科」係指「德
　　　　行」、「語言」、「政事」、「文學」四者。參見〔魏〕何晏注、〔宋〕邢昺等疏、
　　　　〔清〕阮元校勘：《論語注疏》，卷十一，頁96。
〔註69〕參見余英時：《中國古代知識階層史論（古代篇）》（台北：聯經出版事業公司，
　　　　1984年2月再版），頁30～38。

判」，在「莊子」的思想中，對於「道」本預設了一整全通觀性的可能，唯「王官學」向「諸子學」分化的過程中，諸家學說各有所重亦各有所流，則學派、學說間的衝突，遂成爲「周文疲弊」的歷史情境中，相應而生的另一種社會現象，是以「莊子」有所謂「道術將爲天下裂」觀點的產生。

　　本文將針對「莊子」對於諸子學說之批判所涉及的現象，進行討論如下：

一、「莊子」對於「儒」、「墨」之是非的批判

　　所謂「『儒』、『墨』之是非相爭」，並非本論文對於「儒學」、「墨學」之個別研究，再加以分析、綜合、比較其相爭的過程與意義，而是透過《莊子》文本的探索，抉發其對於「儒學」與「墨學」的理解與批判。

　　就《莊子》文本而言，多有將「儒」、「墨」相爭之現象加以批判的情形，而此亦關乎「莊子」在什麼樣的觀點下，將二者視爲「同一」的理解。試觀「滿苟得」與「子張」關於「修德之行」的對話：

> 子張曰：「子不爲行，即將疏戚無倫，貴賤無義，長幼無序；五紀六位，將何以爲別乎？」滿苟得曰：「堯殺長子，舜流母弟，疏戚有倫乎？湯放桀，武王殺紂，貴賤有義乎？王季爲適，周公殺兄，長幼有序乎？儒者僞辭，墨者兼愛，五紀六位將有別乎？且子正爲名，我正爲利。名利之實，不順於理，不監於道。吾日與子訟於無約曰：『小人殉財，君子殉名。其所以變其情，易其性，則異矣；乃至於棄其所爲而殉其所不爲，則一也。』〔註70〕

子張於倫理價值之實踐層面的提問，滿苟得主要先以「宏觀」的歷史眼光歸納出「堯殺長子」、「舜流母弟」、「湯放桀」、「武王殺紂」、「王季爲適」、「周公殺兄」等歷史事件，其價值雖然不在事件所呈現的表象，而在於背後「原因動機」所涉及的關懷；但是就「棄其所爲而殉其所不爲」的觀點看來：「小人」、「君子」之「殉利」、「殉名」也同樣是「變其情」、「易其性」，使得性情生命無法得到安頓的結果，此又如同上節「周文疲弊」之「以物易其性」的現象。順此，「儒者僞辭」、「墨者兼愛」，其「僞辭」與「兼愛」，一者「多言以爲名位」〔註71〕、一者「兼愛無私」，在這種情況中，同樣未能合於子張所

〔註70〕王叔岷：《莊子校詮・盜跖》，頁1198。
〔註71〕郭慶藩：《莊子集釋・盜跖》：「『儒者僞辭』、『墨者兼愛』——成玄英疏：『夫儒者多言，強爲名位；墨者兼愛，周普無私；五紀六位，有何分別？』」，頁1005。

謂的「倫常綱紀」的要求，溯其原本，也無非「變其情」、「易其性」的情況，
只是殊途同歸而已。

不僅如此，「莊子」也藉由「言辯的作用與情境關係」，闡述「儒」、「墨」
問題者，〈徐無鬼〉曾記載：

> 仲尼之楚，楚王觴之，孫叔敖執爵而立，市南宜僚受酒而祭曰：「古
> 之人乎！於此言已。」曰：「丘也聞不言之言矣，未之嘗言，於此乎
> 言之。市南宜僚弄丸而兩家之難解，孫叔敖甘寢秉羽而郢人投兵。
> 丘願有喙三尺。」彼之謂不道之道，此之謂不言之辯，故德總乎道
> 之所一。而言休乎知之所不知，至矣。道之所一者，德不能同也；
> 知之所不能知者，辯不能舉也；名若儒、墨而凶矣。〔註72〕

就「執爵而立」、「受酒而祭」的情境空間而言，仲尼當與孫叔敖、宜僚等人
相互暢言，但仲尼於此處所考量的非僅一合禮的情境空間，更涉及行為者彼
此互動的意義問題。即仲尼在面對眾人的互動過程中，基於對宜、孫二者「弄
丸解難」、「甘寢投兵」能力的尊重，寧可有如「鳥之長喙」〔註73〕而有「不
言之辯」，此又如同孫、宜之能力雖各具其價值，仍虛心以「不道之道」就教
於仲尼，其背後的原理在於：性情德行仍統攝於自然之道；言語之說亦須止
於未知之處。換句話說，「道之所一」（道之全體），是無法圓滿而普遍的獲得；
〔註74〕「知」之所不能理解的地方，言辯也無解決的可能。準此，「莊子」認
為當人們以「儒」、「墨」之名相標舉時，其所謂「道」、「知」、「言」、「辯」
等活動，也容易陷溺於「名」所指向的「實」而以為用，則彼此學說的差異
性，往往使修習者陷於觀念上的衝突，遂有學說上的「是非」問題而爭論不
休。在這種情況下，更無法體會「不言之辯」與「不道之道」的智慧。順此，
《莊子》批判的正是：儒、墨之修習者，標舉「儒」、「墨」之名，而困於「儒」、
「墨」之學說，並以此相爭者。

不僅如此，〈列禦寇〉所載「河潤九里」、「澤及三族」之儒者緩，使其弟
從學於墨者，以致同父、弟互相爭辯，而怨懟父親。〔註75〕其旨也在警惕修

〔註72〕王叔岷：《莊子校詮·徐無鬼》，頁963。
〔註73〕參見錢穆：《莊子纂箋·徐無鬼》引陸長庚曰：「凡鳥喙長者，多不能言，如
　　　　鸛鶴。」頁209。
〔註74〕參見錢穆：《莊子纂箋·徐無鬼》引曹受坤曰：「同，古逸從書本作周。德者、
　　　　得也。有所得，則道之所一者已破而不完。周者，圓滿普遍義。」頁209。
〔註75〕王叔岷：《莊子校詮·列禦寇》，頁1259。關於〈列禦寇〉所載「鄭人緩」之寓

習者標舉「儒」、「墨」之名，自我能力在過度膨脹的情況下，「學說的爭辯」甚至導向「親情的相刃」。其它如：「施及三王而天下大駭矣。……而儒、墨畢起。於是乎喜怒相疑，愚知相欺，善否相非，誕信相譏，而天下衰矣」（〈在宥〉）；〔註 76〕這種現象其實也在前述「好知而亂天下」現象的統攝之中，只是在「周文疲弊」的觀點中，所批判的是政治上的統治者；而在「道術將爲天下亂」的觀點中，則側重的是學術層面的回應問題。

此外，「莊子」亦有從「物化」的觀點，批判「儒」、「墨」之問題者，在顏淵問孔子「無有所將，無有所近」〔註 77〕意蘊的對話情境中，孔子對曰：

> 古之人，外化而內不化，今之人，內化而外不化。與物化者，一不
> 化者也。安化安不化，安與之相靡，必與之莫多。狶韋氏之囿，黃
> 帝之圃，有虞氏之宮，湯、武之室。君子之人，若儒、墨者師，故
> 以是非相齏也，而況今之人乎！〔註 78〕

順此，「物化」與前節所謂「以物易其性」正呈顯一對境，依前文，「以物易其性」主要是說人的自然天眞之性，由於受到社會價值與環境的過度支配而受到扭曲、壓迫的現象。「物化」則非指因對象物的支配而有所更化，而是在實存經驗的具體察知中，隨順自然萬物之化以融合共存的過程。則「化」與「不化」即是「物化」相反相成的兩個面相，藉以存全自然萬物彼此交融的契機。據此，「化」與「不化」沒有「將」與「近」的考慮。回到文脈本身，「囿」、「圃」、「宮」、「室」等空間意象的遞減，隱喻了「外化內不化」到「內化外不化」的過程中，性情生命對自然萬物築起的高牆藩籬，使得「物化」之機亡失。據此，回歸《莊子》對於「儒」、「墨」相爭的討論，其陷溺於「是」與「非」的「價值判斷」（value judgment），也在「將」、「近」之間，由於對事物的分判而將融合共存的契機斷絕了。

不論是「順其性情」、「言辯的作用與情境關係」或是「物化」都是基於《莊子》的價值觀所提出的批判，對於「儒墨之是非相爭」的問題，〈齊物論〉有更根本的反省：

言，錢穆從歷史的觀點詮解曰：「墨子初亦治儒術，繼而背棄，則墨固從儒中來，而如反受其抵排。」詳見氏著：《先秦諸子繫年》（收錄於《錢賓四先生全集》第 5 冊）（台北：聯經出版社股份有限公司，1998 年 5 月），頁 113～115。

〔註 76〕 王叔岷：《莊子校詮・在宥》，頁 380。

〔註 77〕 王叔岷：《莊子校詮・知北游》，頁 847。

〔註 78〕 同上註。

　　夫言非吹也，言者有言，其所言者特未定也。果有言邪？其未嘗有
　　言邪？其以爲異於鷇音，亦有辯乎，其無辯乎？道惡乎隱而有眞僞？
　　言惡乎隱而有是非？道惡乎往而不存？言惡乎存而不可？道隱於小
　　成，言隱於榮華。故有儒、墨之是非，以是其所非而非其所是。欲
　　是其所非而非其所是，則莫若以明。〔註79〕

依此，「儒、墨之是非」在行爲上指向彼此而給予「價值判斷」（value judgment），並且立基於對彼此學說的理解之中，此實牽涉到「語言」與「意義」乃至於「眞理」的關係問題。在現代的學術情況中，就知識的嚴格性而言，一個詞的「概念」（concept）是我們思考的基本單位，其「內涵」（intension）與「外延」（extension）確切的界定，將使得命題（propositon）與推論（inference）能夠「中效」（valid）而知識的討論也才有宏觀性的法則。然而，在傳統的學術情境中，知識的生產方式或藉由「與古爲徒」、「與天爲徒」或「與人爲徒」的體知、體悟而來。因此傳統學術之間的論爭問題，也不一定是現代化的知識爭論問題。就《莊子》而言，所謂「以是其所非而非其所是，欲是其所非而非其所是」的警語，說明在「莊子」的「視域」中，「儒墨之是非」是沒有對準焦距也不預設融通向度的爭論，因爲無論「儒」之「是／非」，或「墨」之「是／非」都是站在相對的立場上，檢別彼此的價值，而未能「同情地理解」進而彼此觀照共存，則〈天下篇〉所謂：「天下之人各爲其所欲爲以自爲方。悲夫，百家往而不反，必不合矣！」〔註80〕即是指這種情形，故「莊子」說：「莫若以明」，或如唐君毅所云：「去成心而使人我意通之道」。〔註81〕

　　其次從「言」、「辯」與「道」的關係討論，「莊子」對於「言」的理解雖未必如同西方「語言學」（linguistics）、「語言哲學」（linguistic philosophy）般地將「語言」進行細密的分析與研究，但仍有其觀點與見解。順此，「言非吹也，言者有言，其所言者未特定也」，主要是說「言」出自人爲，充滿了個人性、偶然、任意甚至獨斷，如同「鷇音」，即「小鳥雛音」〔註82〕之無定準，但「言者」卻自以爲地有別於「鷇音」，所以「莊子」又提出「果有言邪？其未嘗有言邪？」、「亦有辯乎，其無辯乎？」的疑問，即針對「言」與「辯」

〔註79〕 王叔岷：《莊子校詮・齊物論》，頁56。
〔註80〕 王叔岷：《莊子校詮・天下》，頁1298。
〔註81〕 唐君毅：《中國哲學原論──導論篇》，頁258。
〔註82〕 王叔岷：《莊子校詮・齊物論》，頁57。

之作用通向「道」的可能性與意義提出問題。而「道惡乎隱而有眞僞？言惡乎隱而有是非？」又進一步對「道」之「眞」、「僞」判準的充要條件是否依賴於「言」、「辯」之是非判斷的反思，則「道惡乎往而不存？言惡乎存而不可？」即認爲無論是「言」或是「道」，都不是永恆不變的靜態結構，等著我們去符應、描繪、以致遵循，而是蘊涵了非常廣延的開放性。準此，《莊子》認爲「儒」、「墨」之所以有「是非」相爭的情形，乃因陷溺於「道」之「固體狀態」的把握，與「言」通向「道」的過程中，對於「抽象思辨」所衍生之豐富多樣性的迷戀。

二、「莊子」對於「楊」、「墨」之駢枝的批判

《孟子·滕文公下》曰：「聖王不作，諸侯放恣，處士橫議。楊朱、墨翟之言盈天下。天下之言，不歸楊則歸墨。楊氏爲我，是無君也。墨氏兼愛，是無父也。無父無君，是禽獸也。」〔註83〕依此，《孟子》對於楊、墨之言的嚴厲批判，主要是站在維護社會倫理秩序與價值的立場上，對「爲我」、「無君」之說的批評。無獨有偶地，「莊子」除了將「儒」、「墨」之是非相爭的情形有所批評之外，也有將「楊」（楊朱）、「墨」（墨翟）並列批評的情況。唯「莊子」非自社會結構的倫理基礎出發。順此，「駢枝」指的是「駢拇枝指」，意指相連的足指與旁生的手指，用以象徵自然本性之歧出。「『楊』、『墨』之駢枝」則是說「楊」、「墨」之「言」、「辯」行爲的本質未能合於自然之道，而有所偏離的情形。對此，「莊子」曰：

> 駢於辯者，纍瓦結繩竄句，遊心於堅白同異之閒，而敝跬譽無用之言非乎？而楊、墨是已。故此皆多駢旁枝之道，非天下之至正也。
> 〔註84〕

依此，「駢於辯者」是指言辯行爲歧出於自然之道的情形，而「纍瓦結繩竄句」象徵了楊、墨之「言辯」行爲在「結構」上的繁衍雕琢；「遊心於堅白同異之閒」說明主要論題在於「堅白」、「同異」等觀念的論辯；〔註85〕「敝跬譽無用之言」

〔註83〕〔漢〕趙歧注〔宋〕孫奭疏〔清〕阮元校勘：《孟子注疏》，卷六下，頁117。
〔註84〕王叔岷：《莊子校詮·駢拇》，頁308。
〔註85〕《莊子·天下》有云：「南方之墨者苦獲、已齒、鄧陵子之屬，俱誦《墨經》，而倍譎不同，相謂別墨；以堅白、同異之辯相訾，以觭偶不仵之辭相應；……」則此處之「墨」非指「墨子」，而是指「墨學的發展」，故又稱之爲「別墨」，意在區別「原初之墨學」，參見王叔岷：《莊子校詮》，頁1311。

則是說此等「言辯」行爲的目的在於「聲譽」，而非行於天下得自然之道。因此「楊」、「墨」之「言」、「辯」，在「莊子」的眼光裡，如同相連的足趾與旁生的手指般，無益於手之自然機能，故爲「無用之言」，亦非「至正之道」。

　　順此，我們進一步要問的是：「言」、「辯」活動作爲理解、溝通的基礎，而本自然於人類的日常行爲中，如海德格（Martin Heidgger, 1889～1976）所云：「一旦人有所運思地巡視存在之物，他便立即遇到語言，從而著眼於由語言所顯示出來的東西的決定性方面來規定語言。」〔註86〕加達默爾（Hans-Georg Gadamer, 1900～2002）亦云：「我們只能在語言中進行思維，我們的思維只能寓於語言之中」，〔註87〕則「莊子」何以評判「楊」、「墨」之「言」與「辯」爲旁枝之道呢？對此，「莊子」云：

　　　　楊、墨乃始離跂自以爲得，非吾所謂得也。夫得者困，可以爲得乎？
　　　　則鳩鴞之在於籠也，亦可以爲得矣。且夫趣舍聲色以柴其內，皮弁
　　　　鷸冠、搢笏紳修以約其外，內支盈於柴柵，外重纆繳，睆睆然在纆
　　　　繳之中而自以爲得，則是罪人交臂歷指，而虎豹在於囊檻，亦可以
　　　　爲得矣。〔註88〕

準此，可從「得」之兩種觀點加以分析，依《莊子》，「楊」、「墨」之「自以爲得」與「吾所謂得」有著偌大的差距。依前者，其「得」爲「困得」，意即困守於「得」之作用所帶來的滿足，然「莊子」並不以此爲「得」，故以「鳩鴞在籠」、「罪人歷指」、「虎豹在檻」的意象喻徵「楊」、「墨」之「離跂」（自異於眾者），其實也屬於「困得」的現象，亦如同〈天下篇〉所云：「天下多得一察焉以自好」〔註89〕的情形；依「後者」，其「得」爲「大得」，如〈知北游〉所云：「彼至則不論，論則不至。明見無值，辯不若默。道不可聞，聞不若塞。此之謂大得。」〔註90〕據此，「大得」之「至」與「得」，在於「不論」、「不見」〔註91〕、「不辯」、「不聞」；也就是「以『不論』爲『論』」、「以

〔註86〕海德格（（Martin Heidgger, 1889～1976）：《在通向語言的途中》（*Unterwegs zur Sprache*）孫周興譯（北京：商務印書館，2005年5月），頁1。
〔註87〕加達默爾（Hans-Georg Gadamer, 1900～2002）：《哲學解釋學》（*Philosophical Hermeneutic*）夏鎮平、宋建平譯（上海：上海譯文出版社，2005年5月），頁63。
〔註88〕王叔岷：《莊子校詮·天地》，頁464～465。
〔註89〕王叔岷：《莊子校詮·天下》，頁1298。
〔註90〕王叔岷：《莊子校詮·知北游》，頁823。
〔註91〕王叔岷：《莊子校詮·知北游》引章太炎之語曰：「值借爲直，《說文》：『直，

『不見』爲『見』」、「以『不辯』爲『辯』」、「以『不聞』爲『聞』」的智慧。唯有如此，「得」不再是透過「論」、「見」、「辯」、「聞」等知覺活動對於生命慾望的滿足。而是在消解成心之執的作用與實踐中，體察「大得」之智慧。因爲慾望的滿足往往帶給生命「得之若驚」、「失之若驚」〔註92〕的羈絆，以至迷失於「言」、「辯」之成就帶來的「榮譽」，故「楊」、「墨」言辯之「自以爲得」並不爲「莊子」所認同。

不僅如此，在「莊子」的眼光裡，「楊」、「墨」之所以是「自以爲得」而非「大得」，除了沉溺於「外在價值的滿足」外，尚與「得」之方式所涵蘊的問題有很大得關係，其曰：

> 削曾、史之行，鉗楊、墨之口，攘棄仁義，而天下之德始玄同矣。
> 彼人含其明，則天下不鑠矣；人含其聰，則天下不累矣；人含其知，
> 則天下不惑矣；人含其德，則天下不僻矣。彼曾、史、楊、墨、師
> 曠、工倕、離朱，皆外立其德而以爚亂天下者也，法之所無用也。
> 〔註93〕

依此，「曾、史之行」與「楊、墨之口」皆屬於「外立其德以爚亂天下者」，依朱駿聲，「爚，假借爲鑠」，〔註94〕引申有「閃耀」、「炫耀」之意，則「楊」、「墨」之「德」乃是「外立而炫者」，與「莊子」所云：「支離其德」〔註95〕之不標榜外在德性行爲的修養意涵自是背道而馳。順此，「外立其德」，不外乎「臨人以德」，〔註96〕就人們的立場而言，不免感到「德之炫」所帶來的壓迫感，故「含其明」、「含其聰」、「含其知」、「含其德」，即「德充與內，而形忘於外」〔註97〕的修養，進而能消解天下「鑠」、「累」、「惑」、「僻」的迷失感與壓迫感；就「楊」、「墨」言辯的面相而言，「外立其德」將困守於「立其德」之「得」。則「楊」、「墨」與之徒，在《莊子》的眼中，不外以「得」而「易其性」、「言辯好知」以「亂天下」者。

〔註92〕 朱謙之校釋：《老子校釋·道經·第十三章》：「寵辱若驚，貴大患若身。何謂寵辱？辱爲下，得之若驚，失之若驚，是謂寵辱若驚。」詳見氏著（北京：中華書局，1996年8月），頁48～49。

〔註93〕 王叔岷：《莊子校詮·胠篋》，頁357。

〔註94〕 轉引自王叔岷：《莊子校詮·胠篋》，頁359。

〔註95〕 王叔岷：《莊子校詮·人間世》，頁163。

〔註96〕 王叔岷：《莊子校詮·人間世》，頁167。

〔註97〕 引自王叔岷對於「德充符」的詮釋，參見氏著：《莊子校詮·德充符》，頁171。

三、小結──「莊子」視域中諸批判所蘊涵之問題與總體問題意識之關係

假如我們以「周文疲弊」作爲宏觀春秋、戰國間禮壞樂崩之歷史情境的一種普遍性觀點，則「以物易其性」「好知而亂天下」、「以賞罰爲事」等現象，即是「莊子」相應於此現象所提出的「問題視域」。

然而相同的社會現象，在諸子之間卻造成了不同的「問題視域」，在不同的面相下，學說本身的問題與彼此之間的衝突，同樣地也成爲「莊子」思想裡的「問題視域」。如是，「莊子」對於「百家爭鳴」的批判，我們也須進一步進行反轉，以顯其「問題意識」：

（一）在求「道」的實踐中，如何溶解「道」之諸多「固體狀態」〔註98〕的把握？又如何從「言」通向「道」的過程中，擺落「抽象思辨」所衍生之豐富多樣性的迷戀？

（二）「道」之「言」、「辯」行爲的實踐中，如何消解種種目的之得失，而隨順於自然之理？

據此，（一）與（二）皆涉及了「言」、「辯」與「道」的關係問題，其（二）爲（一）的延伸，也是反推，前者主要針對「言」與「道」的關係思考，後者則自「言」、「辯」行爲的欲求與目的反省，而彼此的解答亦互見其中。順此，「『儒』、『墨』之是非相爭」、「『楊』、『墨』言辯之駢枝」，在「道術將爲天下裂」的觀點下，皆顯得未能「察古人之全」、「備於天地之美」、「見天地之純」，〔註99〕以解決「周文疲弊」的問題，進而派生出「諸子爭鳴」的相關問題。

依此，就發生與延伸上的邏輯性可能而言，我們或許可以用「二層五段」來說明「莊子」問題意識之總體關係。「兩層」是指「『莊子』對『周文疲弊』的理解與反思」以及「『莊子』對『百家爭鳴』的批判與反思」；「五段」則是綜合前一節所析論之三個問題與本節的二個的問題，而形成一種層次分明與連續上的理解。在這種情況下，「莊子」企圖提供更多超越性的智慧與辯證的可能，以回應當時的「歷史情境」。而爲了方便檢閱，關於「二層五段」之「問題意識」，可圖列如下：

〔註98〕所謂「道之固體狀態」係指「道」在「求道者」體察踐行的過程中，經由認知執取而格式化的理解。

〔註99〕「察古人之全」、「備於天地之美」、「見天地之純」三語，見於王叔岷：《莊子校詮・天下》，頁1298。

圖表 2-1

第一層　「莊子」對「周文疲弊」的理解與反思
（1）人的自然天眞之性，如何能安適或免於社會價值與環境的過度支配所受到之扭曲、壓迫，甚至傷生害命？
↓
（2）政治、社會上的領導者，如何消弭過度依賴於信念的組織與知識實際運用的功效以達其目的？
↓
（3）統治者治理國家的過程中，如何跳脫「賞罰」機制的落實以確保具體方針之運作所帶來的功效？人民又如何能免於鼎鑊刑具的桎梏？
第二層　「莊子」對「『諸子百家』對『周文疲弊』之解決」的理解與反思
（4）在求「道」的實踐中，如何溶解「道」之諸多「固體狀態」的把握？又如何從「言」通向「道」的過程中，擺落「抽象思辯」所衍生之豐富多樣性的迷戀？
↓
（5）「道」之「言」、「辯」行爲的實踐中，如何消解種種目的之得失，而隨順於自然之理？

第三節　諸「典範人格」於「莊子」總體思想的歷史意義

綜上所述，本論文進一步要探問的是：對照於「莊子」批評「諸子學」所衍生的問題，而有「道術將爲天下裂」的觀點，那麼：

1、「莊子」對於「道術」的理解又有什麼樣的基本觀點？

2、依此，「莊子」諸「典範人格」的提出又蘊涵了什麼樣的歷史意義？

對此，第二個問題有賴於第一個問題的解明。首先將關涉到「莊子」對於「道術」形成與流傳的觀點與，對此，〈天下篇〉曰：

> 古之人其備乎！配神明，醇天地，育萬物，和天下，澤及百姓，明於本數，係於末度，六通四辟，小大精粗，其運無乎不在。其明而在數度者，舊法世傳之史尚多有之。其在於《詩》《書》《禮》《樂》者，鄒、魯之士搢紳先生多能明之。《詩》以道志，《書》以道事，《禮》以道行，《樂》以道和，《易》以道陰陽，《春秋》以道名分。其數散於天下而設於中國者，百家之學時或稱而道之。〔註100〕

〔註100〕王叔岷：《莊子校詮》，頁 1293～1294。

就「道術」形成的觀點而言，「莊子」認為「道術」主要是古代的賢人們通過自然現象對於宇宙、人生所蘊涵諸多問題，同自然造化的演變中，進行思考與回應，而這些精神與成果，往往具體化地留存於典章制度及史書的記載之中；就「道術」流傳的方式而論，《詩》、《書》、《易》、《禮》、《樂》、《春秋》等文化精神的載體，亦各自留存了「道術」的各種面相（所以有「道志」、「道事」、「道行」、「道和」、「道陰陽」、「道名分」的區別），而後世學者遂根據這些「經書」論述「聖人」（或「賢者」）大意，或繼此文化傳統以創造新說。

　　儘管如此，「莊子」對於「道術」的傳衍——「諸子學」，仍有許多疑慮，即如同上節所論，「百家爭鳴」的社會現象，就「道術」的發展層面而言，或有「『楊』、『墨』之駢枝」的問題；就「道術」交流的層面而言，或有「『儒』、『墨』之是非」的問題。因此「莊子」在〈天下〉中也提出了如何理解、詮釋或是實踐「道術」的問題：

> 天下之治方術者多矣，皆以其有為不可加矣。古之所謂道術者，果惡乎在？曰：「無乎不在。」曰：「神何由降？明何由出？」「聖有所生，王有所成，皆原於一。」不離於宗，謂之天人。不離於精，謂之神人。不離於真，謂之至人。以天為宗，以德為本，以道為門，兆於變化，謂之聖人。〔註101〕

據此，「天下之治方術者多矣，皆以其有為不可加矣」之意，與現代「專業分工」的精神多有不同。因為「專業分工」的需求，實因社會體制與現代學術轉趨精密的要求中，走向「專門」的途徑；而「莊子」的說法，則是針對「是非之爭」、「自以為得」等當時學術現象提出的批判。依此，「莊子」又連續設問了兩組問題：

　　（一）「古之所謂道術者，果惡乎在」之根本問題。

　　（二）「神由何降？明何由出？」之具體把握問題。

　　依前者，「莊子」對曰：「無所不在」，即明言「道術」的普遍性意義；依後者，「莊子」對曰：「聖有所生，王有所成，皆源於一」，則是以「聖」、「王」所展現的典範性為例，將人間價值之意義根源問題，歸源於「道」（「一」），以下又從「宗」、「精」、「真」、「天」、「德」、「道」等義涵涉及的面相，分別說明諸「典範人格」〔註102〕所表徵的多種「價值性」的「人格意象」，以做為

〔註101〕王叔岷：《莊子校詮・天下》，頁 1293～1294。

〔註102〕《莊子・天下》此處的「典範人格」有所謂「天人」甚至「君子」者，其說

「實踐」上的模範意義。換句話說,《莊子》諸「典範人格」實具有其「道術」實現的範型意義。唯其基本假定,又須通過「莊子」對於「諸子學」之於「周文疲敝」的解決之通體性批判進行思索,其曰:

> 天下大亂,賢聖不明,道德不一,天下多得一察焉以自好。譬如耳目鼻口,皆有所明,不能相通。猶百家眾技也,皆有所長,時有所用。雖然,不該不遍,一曲之士也。判天地之美,析萬物之理,察古人之全,寡能備於天地之美,稱神明之容。是故內聖外王之道,闇而不明,鬱而不發,天下之人各為其所欲焉以自為方。悲夫,百家往而不反,必不合矣![註103]

依此,當有下列幾點重要義涵:

(一) 依「莊子」,「道術」作為一種社會行為,主要的活動在於「判天地之美」、「析萬物之理」、「察古人之全」,並於具體實踐中能「備於天地之美」、「稱神明之容」。如是,其所謂「道術」的典範,當立基於「通」的實踐義涵。

(二) 在「周文疲敝」的歷史情境中,原本於政治、社會、學術為展現價值典範的聖、賢人物,雖各有「所明」、「所察」而有「所長」、「所用」,但基於「所好」、「所欲」卻不能相通。故「莊子」謂之「往而不反,必不合矣!」

(三) 如是,當聖、賢人物之領導在無所通於「天地之美」與「神明之容」的情況下,各種「內聖」、「外王」或「內聖外王」,甚至「消融內聖外王」之作為,亦無法寓普遍於個殊,自個殊展其普遍之範型。

據此,我們並不難理解,「莊子」諸「典範人格」立基於「通」的核心義蘊。須要說明的是:「通」應包涵兩層意義:(一) 就「莊子」而言,即對諸子百家學說的會通與轉化;(二) 除了具有「通」之範型意義,就「『諸』典範人格」來說,也蘊涵了彼此存全「差異」與通向「同一」的可能。如是,本論文以下將嘗試以「通」之精神畫筆,融貫「莊子」對於「周文疲弊」以至「百

明如下:1、「天人」未見於內篇,就本文對於《莊子》文本材料之價值代表性而言,「天人」未具有「典範人格」之代表性。2、「君子」雖在內篇見於〈大宗師〉兩處(《莊子校詮》頁209、頁256)。其中,頁209出現之「君子」亦可參見第三章第四節頁91、92的詮釋),然皆非「典範人格」之範型意義,故「君子」在本論文亦未有「典範人格」的代表性。

〔註103〕王叔岷:《莊子校詮·天下篇》,頁1298。

家爭鳴」所蘊涵之「二層五段」諸議題的反思。進一步的分析諸「典範人格」間所涉及之不同的具體情境中的「同一」與「分殊」義蘊，以勾勒諸「典範人格」具體而微的精神圖像。

第三章　諸「典範人格」單出之脈絡情境及其相應之問題

　　本章將正式進入諸「典範人格」於《莊子》文本脈絡情境及其相應之問題的討論。所謂「單出」的情形，主要是指《莊子》某一「典範人格」的提出，乃針對上下文脈所顯示的情境或議題，進行相應之回應。則本章主要之目的在於：

（一）對各「典範人格」所涉及之具體情境進行分析。

（二）觀察諸「典範人格」義蘊之提出，分別蘊涵或是涉及了哪些議題。

（三）綜合諸「典範人格」涉及之諸議題與「二層五段」之導引性問題的關係，以勾勒總體圖像。

第一節　「至人」單出所涉及之議題：「至人之用心若鏡」——對於心知之分別作用的反思與解消

　　探察《莊子》內篇之「至人」單出的情形，主要於〈應帝王〉的「至人之用心若鏡」一段，其曰：

　　　　至人之用心若鏡，不將不迎，應而不藏，故能勝物而不傷。〔註1〕

此處對於「至人」的描述，主要落在「心」的發用而言，說明「至人」面對世界萬象的態度，在於應對萬物造化自然之流行。此中，「不將不迎」與「應而不藏」原指「鏡」與「對象物」之間的關係，前者說明「鏡」非主動迎合

───────────────

〔註1〕　王叔岷：《莊子校詮·應帝王》，頁300。

或排除「對象物」；後者則說明：即便「對象物」已在「鏡中」，「鏡」也無法永久將其藏於鏡象之中。準此，「送」與「迎」、「藏」主要是喻徵「心」受到萬象的牽引，進而對各種變化情境的認取與執定。那麼，在「至人」之「用心若鏡」的修養情形下，都被解消了。其心如同明「鏡」，不會因為處於萬事萬象中，陷溺於「將」、「迎」的分別有所「傷」，即失望、灰心、挫敗乃至於種種現象所引發之精神層面的焦慮。對此，本文要探問的是：此處「至人」的提出，在它的前後文脈絡中，涉及了哪些具體情境或是針對某些問題的回應呢？對此，「至人之用心若鏡」上文脈絡為：

> 無為名尸，無為謀府；無為事任，無為知主。體盡無窮，而遊無朕；
> 盡其所受乎天，而無見得，亦虛而已。〔註2〕

「體盡無窮，而遊無朕」句，郭象注云：「因天下之自為，故馳萬物而無窮也。任物故無迹」，〔註3〕此可與「用心若鏡」中，以「鏡」徵喻「心」用的涵義相互理解。而「盡其所受乎天，而無見得」句，據王叔岷《莊子校詮》所云：「《莊子》佚文：『天即自然』（《大方廣佛華嚴經隨書演義鈔》一引。）無猶忘也，『見得』兩字平列。謂盡己所稟受於自然，而忘其所見、忘其所得。蓋所見、所得，皆朕迹也」，〔註4〕則「盡其所受乎天，而無見得」亦如同前文之「勝物」，〔註5〕則「不藏」、「不將」、「不迎」也與「無見得」之義無二致。其「虛」的提出，若回歸於〈人間世〉所云：「唯道集虛，虛者，心齋也。」〔註6〕來思考，則「虛」的觀念，也是在「修養」的工夫上，所提出的指點。〔註7〕那麼，很顯然地，「無為名尸」、「無為謀府」、「無為事任」、「無為知主」所欲消解的「為名尸」、「為謀府」、「為事任」、「為知主」應為上述修養工夫之提出所欲回應的問題。順此，「名」、「謀」、「事」、「知」四者，又是針對什麼樣的具體情境所做出的反思，則至少應上溯於其上文中季咸、列子與壺子的對話情境中：

〔註2〕 王叔岷：《莊子校詮・應帝王》，頁300。
〔註3〕 郭慶藩：《莊子集釋》，頁308。
〔註4〕 王叔岷：《莊子校詮》，頁302。
〔註5〕 錢穆：《莊子纂箋》引陸長庚曰：「勝字平讀，任萬物而不傷本體」，詳見氏著頁67。
〔註6〕 王叔岷：《莊子校詮》，頁130。
〔註7〕 此處所引「心齋」，主要再引出「虛」的修養工夫意義，關於「心齋」的分析，請見本論文第四章：「救治事件中的『蕾人』省思──『至人』與『聖人』」一節。

鄭有神巫曰季咸，知人之死生存亡，禍福壽夭，期以歲月旬日，若神。鄭人見之，皆棄而走。

列子見之而心醉，歸，以告壺子，曰：「始吾以夫子之道爲至矣，則又有至焉者矣。」壺子曰：「吾與汝既其文，未既其實，而固得道與？衆雌而無雄，而又奚卵焉！而以道與世亢，必信，夫故使人得而相汝。嘗試與來，以予示之。」

明日，列子與之見壺子。出而謂列子曰：「嘻！子之先生死矣！弗活矣！不以旬數矣！吾見怪焉，見濕灰焉。」列子入，泣涕沾襟以告壺子。壺子曰：「鄉吾示之以地文，萌乎不震不正。是殆見吾杜德機也。嘗又與來。」明日，又與之見壺子。出而謂列子曰：「幸矣子之先生遇我也！有瘳矣，全然有生矣！吾見其杜權矣。」列子入，以告壺子。壺子曰：「鄉吾示之以天壤，名實不入，而機發於踵。是殆見吾善者機也。嘗又與來。」

明日，又與之見壺子。出而謂列子曰：「子之先生不齊，吾無得而相焉。試齊，且復相之。」列子入，以告壺子。壺子曰：「吾鄉示之以太沖莫勝。是殆見吾衡氣機也。鯢桓之審爲淵，止水之審爲淵，流水之審爲淵。淵有九名，此處三焉。嘗又與來。」

明日，又與之見壺子。立未定，自失而走。壺子曰：「追之！」列子追之不及。反，以報壺子曰：「已滅矣，已失矣，吾弗及已。」壺子曰：「鄉吾示之以未始出吾宗。吾與之虛而委蛇，不知其誰何，因以爲弟靡，因以爲波流，故逃也。」然後列子自以爲未始學而歸，三年不出。爲其妻爨，食豕如食人。於事無與親，彫琢復朴，塊然獨以其形立。紛而封哉，一以是終。〔註8〕

對於季咸、列子與壺子之間的對話及互動，我們可以分成：（一）「季咸與列子之互動」，（二）「列子與壺子之互動」，（三）「壺子與季咸之互動」三個方面來分析與詮釋其義：

一、就「季咸與列子的互動」而言

列子受到季咸對於「死生存亡」、「禍福夭壽」的感應能力與「期以歲月

旬日」之確定性徵驗的吸引，故列子起先以爲季咸之能力超越壺子，而表現出「道」的極境。在這個情境中，至少反映了人對「死生存亡」、「禍福夭壽」等命運「未知」的焦慮，故列子一開始以季咸對命運焦慮點上的感應能力，爲其求「道」之價值意義。

二、以「列子與壺子的互動」而言

列子以季咸之事爲其求道之價值告之壺子後，壺子以「重雌而無雄」之求「卵」，喻說列子在求「道」過程中對於超感力量的追求，進而點出列子的問題在於：「以道與世亢」、「必信」與「使人得而相汝」的情況。首先，「以道與世亢」意指「列子欲以所學之『道』向世人較量」；其次，「必信」則指「列子希望所學之道能使世人信服」；再次，「使人得而相汝」，即由前二種行爲所引發之「列子希望世人向他求『道』」。如此，壺子認爲反將造成列子迷思於「以道與世亢」、「必信」與「使人得而相汝」的迷思中。

三、以「壺子與季咸的互動」而論

壺子針對季咸「相人之術」的問題，做出了四次形相的轉變：
（一）以「杜德機」示之，使季咸見其「溼灰」之相。
（二）以「善者機」示之，使季咸見其「杜權」之相。
（三）以「衡氣機」示之，使季咸「無得而相焉」。
（四）以「未始出吾宗」示之，使季咸「未立定，自失而走」。
據此，「杜德機」主要指閉塞生命活力的機兆，如同陰濕後的灰燼，即「溼灰」之相；「善者機」則是生意萌動的機兆，〔註9〕而「杜權」之「杜」，即如「杜德機」之「杜」，皆有「閉塞」狀態的涵義，但「權」或與「機」互文，〔註10〕顯示出「靜閉中有動」的跡象。如是，則壺子之「杜德機」與「善者機」之形相的變換，與季咸所見之「溼灰」、「杜權」的意象而言，顯示列子所謂季咸知「死生存亡」、「禍福夭壽」的感應能力，亦只能就壺子所展示出的身體意象進行判斷，則季咸之感應能力，同時也必須執守於感應對象所呈顯的形相而有其作用，故壺子以「衡氣機」，即「神氣平和之機兆」〔註11〕相示時，季咸無法得

〔註9〕 方勇、陸永品：《莊子詮評》，頁260。
〔註10〕 王叔岷：《莊子校詮》，頁293。
〔註11〕 成玄英《疏》曰：「衡，平也。即迹即本，神氣平等，以應此機」；王叔岷曰：

其「相」的原因在於：原先不論是「杜德機」或是「善者機」，在一定的程度上皆符應了季咸判斷「死生」、「存亡」乃至於「禍福」的需求，則壺子「神氣平和之機兆」，以季咸感應之知在其預設的價值判準上，即顯得無所適從而無從論斷。更何況依據壺子的說法，「杜德機」、「善者機」、「衡氣機」亦如同「九淵中之三淵」，只不過是造化變動之一隅，則季咸之感應能力的價值與作用，實未達「至焉」之境地。而此處也回應列子本來孺慕季咸之道，以至於「以道與世亢，必信」的問題。

　　最後，倘若「未始出吾宗」據陳壽昌所云：「宗，本性也，性眞藏有於無，故曰未始出也」；〔註12〕而「虛而委蛇」據郭象注曰：「無心而隨物化」〔註13〕而解，則壺子示相歸於本眞而未離本眞，與物遷化時，究竟是季咸知壺子？還是壺子知季咸呢？順此，前引之「至人之用心若鏡，不將不迎，應而不藏，故能勝物而不傷」，實際上與壺子之「未始出吾宗」、「虛而委蛇」、「不知其誰何」的形相相互呼應。

　　依此，當我們再回歸於「名」、「謀」、「事」、「知」所涉及的具體情境及其相應之問題進行思考時，「名」與「事」往往涉及實際作爲的目的與功效層面，「謀」與「知」則是依此目的及功效所進行的知識活動，唯此四個層面所涉及的範圍，未必精確而周延，但是依據季咸、列子與壺子的對話與互動看來，對於「名」與「事」之目的與功效在價值上的反思如同「以道亢世」與「必信」的問題；「謀」與「知」等知識活動的反思，其反思的意義則如同列子對於「至極之道」在知識立場上的追求與對季咸之超感力量的迷思之反省。換句話說，「至人之用心若鏡」段中，「至人」所表徵的典範意義，主要應針對生命實存於具體情境的作爲中，對心之分別作用的反思與解消。

第二節　「神人」單出所涉及之諸議題

　　關於「神人」的詮釋取向，1、或有提取「神人」之形相，與古代宗教、神話思想比觀，探究「道家」思想之可能性淵源者；2、亦有自「神人」形相，闡明其「形上」意蘊者。在理解上皆提供許多重要的思維空間，而本論文則

　　「『衡氣機』，神氣平和之機兆」，詳見郭慶藩：《莊子集釋》，頁301、王叔岷：《莊子校詮》，頁294。
〔註12〕〔清〕陳壽昌：《南華眞經正義》，頁62，(《續編》三十七冊，頁132。)
〔註13〕郭慶藩：《莊子集釋》，頁305。

是基於「揭明『典範人格』於文本脈絡之『同一』與『分殊』義涵」的目的，企圖從「神人」被單獨提出時的脈絡，討論其單出之脈絡情境與相應之問題。經本文的考察「神人」於〈內篇〉單出之情境有二：1、「藐姑射之山，有神人居焉」（〈逍遙遊〉）段，2、「神人，以此不才」（〈人間世〉）段。以下將分別論述這兩個脈絡情境中所涉及的議題。

一、藐姑射山之「神人」——對於「平治天下」之價值意義的反思與消解

就〈逍遙遊〉諸「典範人格」出現的情形而言，除了「至人無己，神人無功，聖人無名」並列連用的情形之外，「單出」的「藐姑射山神人」也是一個重點。以全篇「宏觀」的角度來說，兩者自不能切割來看；但是「微觀」地看，「藐姑射山神人」被提出時的脈絡情境也不可被忽視，茲引出原文如下：

> 肩吾問於連叔曰：「吾聞言於接輿，大而無當，往而不返。吾驚怖其言，猶河漢而無極也；大有逕庭，不近人情焉。」連叔曰：「其言謂何哉？」「曰：『藐姑射之山，有神人居焉，肌膚若冰雪，淖約若處子；不食五穀，吸風飲露；乘雲氣，御飛龍，而遊乎四海之外；其神凝，使物不疵癘而年穀熟。』吾以是狂而不信也。」連叔曰：「然！瞽者無以與乎文章之觀，聾者無以與乎鐘鼓之聲。豈唯形骸有聾盲哉？夫知亦有之。是其言也，猶時女也。之人也，之德也，將旁礴萬物以為一世蘄乎亂，孰弊弊焉以天下為事！之人也，物莫之傷，大浸稽天而不溺，大旱金石流土山焦而不熱。是其塵垢粃穅，將猶陶鑄堯、舜者也，孰肯以物為事。宋人資章甫而適諸越，越人斷髮文身，無所用之。堯治天下之民，平海內之政，往見四子藐姑射之山，汾水之陽，窅然喪其天下焉。」〔註14〕

「藐姑射山之『神人』」主要見於肩吾與連叔的對話中，然此蘊涵了兩重問題值得思考：

   （一）順著肩吾「驚怖其言」的態度，其中隱涵著如何理解「神人」，即「如何知」的問題。

   （二）對於「如何知」的問題，連叔如何抉發？又賦予「神人」什麼樣的

〔註14〕王叔岷：《莊子校詮・逍遙遊》，頁24〜30。

意蘊？

這兩重問題在《莊子》中乃是交融般地進行，以下將分別分析再予以綜合：

針對（一），對於肩吾「大而無當」、「往而不反」的疑惑，連叔以「瞽者」之於「文章之觀」、「聾者」之於「鐘鼓之聲」類比「肩吾」之於「神人」的疑惑，而歸結於「知」的問題。順此，可以推知在連叔的思維裡，「文章之觀」、「鐘鼓之聲」繫乎於感官知覺能力的接收，「神人」的問題雖也牽涉認知的層面，卻不在於官知層次的理解。故肩吾以感官經驗理解「神人」時，不免有「不近人情」的疑惑。

針對（二），關於「神人」形相「如何理解」的問題，連叔主要是就「神人」所涵藏的人生理念切入，而這種觀點的理解，與「莊子」身處的歷史世界也息息相關。例如：連叔以：「大浸稽天而不溺」、「大旱金石流、土山焦而不熱」等現象說明「物」不能使「神人」有所「傷」；則「物」之義，或如「以物易其性」之「物」，當指牽引於「心」的各種對象，及其衍生的社會價值。故「神人」之所以「物」不能「傷」，正如同如何理解「神人」的問題，其關鍵皆在於能夠消解，各「物」對於「心」的牽引，甚至於對生命的支配。故「天下之事」或顯升平，或顯動亂，對於「神人」而言皆為萬種殊象，因此「神人」並不會受到表象的牽引，以致投身事用於其中。

進一步要說明的是：「神人」在此所展現的範型意義，非如宋榮子「定乎內外之分」〔註15〕地執守內外之別，不受成敗禍福的影響。「神人」作為「自然之化」的象徵，或如《老子‧第二章》所云：「萬物作焉而不辭，生而不有，為而不恃，功成不居」，〔註16〕主要是基於廣澤萬物自在生長的關懷，不以「天下」之紛擾現象為其「事」，進而勞心斁力成其「功」。因此，接輿謂「神人」：「吸風飲露」、「乘雲氣」、「御飛龍」等意象，意在說明「神人」融入於自然造化的流行中。則宋人之「資章甫」與堯之「平於海內之政」，在「莊子」的視域皆屬其主觀價值的實現。那麼，就「神人」的範型觀之，此皆容易迷失於「事功」的建立而勞費心力。

準此，回到「莊子」所處的「歷史情境」來看，「物莫之傷」正對顯於「以物易其性」的歷史景況，故「藐姑射山之神人」所代表的範型意義，在議題上，主要涉及了治理「天下」的層面，焦點則集中於「平治天下」之「事功」，

〔註15〕王叔岷：《莊子校詮‧逍遙遊》，頁17。
〔註16〕朱謙之：《老子校釋‧道經‧第二章》，頁10～11。

在生命存在價值義上的反思。

二、「神人」以「不材」而爲「大祥」——對用具性價值取向與生命存全關係的反思

關於「神人」，倘若我們僅以其居於「藐姑射之山」，擁有「乘雲氣」、「御飛龍」等超現實能力來考慮其內在的「超現實面向」，不免忽視其對於現實人生境遇所顯露的智慧，〈人間世〉曾載：

> 南伯子綦遊乎商之丘，見大木焉有異，結駟千乘，隱將芘其所藾。子綦曰：「此何木也哉？此必有異材夫？」仰而視其細枝，則拳曲而不可以爲棟梁；俯而視其大根，則軸解而不可以爲棺槨；咶其葉，則口爛而爲傷；嗅之，則使人狂酲，三日而不已。子綦曰：「此果不材之木也，以至於此其大也。嗟乎神人，以此不材！宋有荊氏者，宜楸柏桑。其拱把而上者，求狙猴之杙者斬之；三圍四圍，求高名之麗者斬之；七圍八圍，貴人富商之家求樿傍者斬之。故未終其天年，而中道之夭於斧斤，此材之患也。故解之以牛之白顙者與豚之亢鼻者，與人有痔病者不可以適河。此皆巫祝以知之矣，所以爲不祥也。此乃神人之所以爲大祥也。〔註17〕

對於這段故事的理解，主要可從「常人的價值」與「神人的價值」兩個立場進行分析。在分析之前，就常人追求事物之價值的過程而言，「事物」的「用具性價值」，即達致目的之手段或工具，又可分爲「內在功能」與「衍外效用」二者。前者指「事物」尚未作用於其它事物之性質、結構具的「功能」；後者則指「事物」已作用於其他事物所產生的效果。〔註18〕

依此，就「常人的價值」立場而言，「不材之木」之「爲棟梁」、「爲棺槨」皆自人類的立場檢別其「衍外效用」。繼而，「拱把而上者」、「三圍四圍」與「七圍八圍」之木，則因其「內在功能」對於「養猴者」、「求高名之麗者」、「貴人富商」等人具有充分的「用具性價值」，故難逃「斬之」而有未能「終

〔註17〕 王叔岷：《莊子校詮·人間世》，頁158。

〔註18〕 此處對於「用具性價值」之「內在功能」與「衍外效果」的分析，係參考顏崑陽在「體用」觀的分析中，關於「用」之「功能」與「效應」的區分裡，依本論文在論述上的需要略改而成。參見氏著：〈從〈詩大序〉論儒系詩學的「體用」觀——建構中國詩用學三論〉，《第四屆漢代文學與思想學術研討會論文集》（台北：國立政治大學中國文學系，2002年5月），頁287。

其天年」的命運。

再就「神人的價值」立場論之,「牛之白顙者」、「豚之亢鼻者」、「人有痔病者」就祭祀的現實情況而言,無論是就「內在功能」或「衍外效用」的角度觀之,都未具有「常人之用具性價值」的條件。但是「神人」卻以此為「大祥」,即如「不材之木」以其「不材」而能「終其天年」的情況一樣。依此,「神人」的價值觀,亦非以單向立場的「用具性價值」作為唯一檢別的標準。如同故事一開始,即點出能夠遮蔽四馬相結的千輛馬車「必有異材」,足見即使以「用具性價值」作為檢別的衡量,其「用」之標準應有多向的思維,誠如〈人間世〉文末所云:「人皆知有用之用,而莫知無用之用也。」﹝註19﹞的反思。

準此,「用」與「無用」、「材」與「不材」的相對,主要還是就「常人的價值」立場與「神人的價值」立場做「對立性」思考,而「大祥」所涵藏的價值評判,則是以受檢別之主體生命的存全與否,為其基準。故此處以「不材」為「大祥」的「神人」所展現的範型意義,主要涉及了對用具性價值取向與生命存全關係的反思。

第三節 「聖人」單出所涉及之諸議題

相較於「至人」、「神人」、「真人」等《莊子》諸「典範人格」的運用,「聖人」在諸子思想中多樣而豐富的義涵,使得「聖人」成為先秦思想的核心象徵之一。假如我們把先秦時代的學術史,以劉向《別錄》、劉歆《七略》以至班固《漢書‧藝文志》將「六藝」與「諸子」分別的觀點進行區分,那麼「六藝」所代表的正是六經一脈的官學傳統而言;「諸子」則起自先秦諸子對於六經的傳承與轉化。而歷代對於「六經」的傳、注、疏、正義、詮釋等,往往是基於理解「聖人『本意/大意』」的原則進行的詮釋,「諸子學」則除了對「六經」的傳承具有不同的態度外,也多自不同的立場建構他們心目中的「聖人/聖王」圖像。而這些圖像,皆以三代歷史中的「明君」(堯、舜、文、武、周公等)或「暴君」(桀、紂等)作為「聖人/聖王」典型與對照意義,然而在「聖人/聖王」的相關論述中,諸子往往以其思想中的「價值取向」引領他們對於「聖人/聖王」的「事實敘述」。

嘗試論之,墨子之「兼愛」、「節用」、「節葬」等思想價值的提出皆有託

﹝註19﹞ 王叔岷:《莊子校詮‧人間世》,頁167。

之以「聖王」之事實者；[註20] 孟子論「事君治民」、「性」也多有託之於「堯」、「舜」；[註21] 荀子之「隆禮義而殺詩書」亦是從「先王」與「後王」所代表的價值論起。[註22] 依此，都只是其中一部分的例子，實際運用的情形非本文主題，姑且不作細論。[註23] 本文所關切的是：相對於諸子寓託「聖人」、「聖王」行事的價值意蘊，[註24]「莊子」之「聖人」在不同的脈絡情境中，又有什麼樣不同的思考與意涵呢？

　　就《莊子》文本的情況而言，「聖人」在內篇中無疑地具有「正向範型人格」的意義，但內、外、雜篇中，有部分的「聖人」卻具有「負向範型人格」的意義，然此中的差異問題，有待本論文進一步的分析說明。以下首先討論內篇「單出」的情況中，作為「正向範型人格」的「聖人」，其次再討論外、

[註20]　（1）關於「兼愛」，《墨子·兼愛中》曰：「況乎兼相愛、交相利，則與此異，古者聖王行之。何以知其然？古者禹治天下，西為西河漁竇，以泄渠孫皇之水；……此言禹之事，吾今行兼矣。」引自〔清〕孫詒讓：《墨子閒詁》（北京：中華書局，2001年4月），卷四，頁107；（2）關於「節用」，《墨子·節用中》曰：「是故古者聖王，制為節用之法曰：「凡天下群百工，輪車、鞼鞄、陶、冶、梓匠，使各從事其所能。」曰：「凡足以奉給民用，則止。」諸加費不加於民利者，聖王弗為。」引自〔清〕孫詒讓：《墨子閒詁》，卷六，頁163～164；（3）關於「節葬」，《墨子·節葬下》曰：「今逮至昔者三代聖王既沒，天下失義，後世之君子，或以厚葬久喪以為仁也、義也，孝子之事也；或以厚葬久喪以為非仁義，非孝子之事也。曰二子者，言則相非，行即相反，皆曰：「吾上祖述堯、舜、禹、湯、文、武之道者也。」引自〔清〕孫詒讓：《墨子閒詁》，卷六，頁169～170。

[註21]　（1）關於「事君治民」，《孟子·離婁上》曰：「聖人，人倫之至也。欲為君，盡君道；欲為臣，盡臣道，二者皆法堯舜而已矣。不以舜之所以事堯事君，不敬其君者也；不以堯之所以治民治民，賊其民者也。」引自〔漢〕趙岐注〔宋〕孫奭疏〔清〕阮元校勘：《孟子注疏》，卷七上，頁125。（2）關於「性」，《孟子·盡心上》曰：「堯舜，性之也；湯武，身之也；五霸，假之也。久假而不歸，惡知其非有也？」引自〔漢〕趙岐注〔宋〕孫奭疏〔清〕阮元校勘：《孟子注疏》，卷十三下，頁239。

[註22]　關於「隆禮義殺詩書」，《荀子·儒效》曰：「略法先王而足亂世術，繆學雜舉，不知法後王而一制度，不知隆禮義而殺詩書；其衣冠行偽已同於世俗矣，然而不知惡；……」引自李滌生：《荀子集釋·儒效》，頁149。

[註23]　關於諸子如何寓託「聖人／聖王」表達其思想的問題，可參考王健文：《戰國諸子的古聖王傳說及其思想史意義》（台北：國立台灣大學文學院，1987年6月）

[註24]　關於「聖人」在思想史上的意義問題，秦家懿亦有從甲骨文、金文之「聖」字之「聽覺性」義涵為線索，探討諸子各家對於「聖人」的假定與轉化意義，參見氏著：〈「聖」在中國思想史內的多重意義〉，《清華學報》17卷第1、2期合刊（1985年12月），頁15～27。

雜篇「單出」的情況中，作爲「負向典範人格」的「聖人」。

一、作爲「正向範型人格」之「聖人」

在「單出」的情形中，作爲「正向範型人格」的「聖人」，主要出現在〈齊物論〉、〈人間世〉、〈大宗師〉、〈應帝王〉等篇章。順此，〈齊物論〉中，「聖人」的典範義蘊主要涉及了「莊子」對於「『儒』、『墨』之是非」的批評。而此亦如上所論：「莊子」認爲「儒墨之是非」是沒有對準焦距也不預設融通向度的爭論，則「明」，即如何融通是非、彼我的實現問題，實爲此中的首要關懷。順此，〈人間世〉之「聖人」涉及了「有道」、「無道」與「用」、「不用」之間的問題；〈大宗師〉之「聖人」則涉及了「死生」與「聞道」的問題；〈應帝王〉之「聖人」乃著重於「治天下」的問題。凡此皆爲「單出」之「聖人」的核心義蘊，以下分別討論：

（一）「照之以天」的「聖人」──對於「『是』、『非』本質」的反思

「是」、「非」相爭的問題，主要係出於儒、墨兩家對於「周文」之「疲弊」的解決所衍生出的問題。因此，如何「明」的問題，「莊子」更根本地從「是」、「非」的本質來討論，其曰：

> 物無非彼，物無非是。自彼則不見，自知則知之。故曰彼出於是，是亦因彼。彼是方生之說也，雖然，方生方死，方死方生；方可方不可，方不可方可；因是因非，因非因是。是以聖人不由，而照之於天，亦因是也。是亦彼也，彼亦是也。彼亦一是非，此亦一是非。果且有彼是乎哉？果且無彼是乎哉？彼是莫得其偶，謂之道樞。樞始得其環中，以應無窮。是亦一無窮。非亦一無窮也，故曰莫若以明。〔註25〕

「物無非彼」之「彼」，王叔岷《莊子校詮》引章太炎云：「匪即非字，此下彼、是對舉者，即非、是對舉也」，〔註26〕則「自知則知之」依上、下文「彼」、「是」對舉的關係，應可作「自『是』則知之」來理解。順此，「彼」與「是」，乃「儒」、「墨」在觀察與理解經驗事物（「周文疲弊」）所採行的不同立場，然而立場之間的差異，實涉及詮釋之「態度」、「預設」與「目的」的關係。

〔註25〕 王叔岷：《莊子校詮・齊物論》，頁58～59。
〔註26〕 王叔岷：《莊子校詮・齊物論》，頁59。

就「詮釋者」的立場而言，經驗中的事物，在「發生原因」上或者不同，但「理解後」的成果無妨或有助於吾人之「目的」，即往往從「是」的立場詮釋、肯定之；相反地，雖「發生原因」相同，但「理解後」的成果有礙或不適合吾人之「目的」，則自「非」的立場詮釋、否定之。依此，詮釋者之「是」與「非」，往往決定於「目的」上的取向，進而臧否事物本身，而未能「回到事物本身」，故「莊子」說：「自彼則不見，自知（是）則知之」，正點出「同情地理解」在理解過程中的智慧涵養。

順此，「彼出於是，是亦因彼，故有彼是方生之說」則點出「是」、「非」相爭的本質與困境在於：「是」之價值的確立，建立在「非」之價值的預設；「非」之價值的預設，建立在「是」之價值判斷。如此，則吾人對於「生／死」、「死／生」；「可／不可」、「不可／可」之間的價值爭斷亦如同「是」與「非」之價值的循環依存關係，難以擺落而尋求超越的可能。

依此，「聖人不由，而照之以天」之「聖人」，所展現的範型意義就不在於如何獲得價值的「絕對值」，而是希望透過對自然萬物的觀照、體察，突破此相爭的困局。故「果且有彼是乎哉？果且無彼是乎哉？」即是對「是」、「非」相爭之循環無窮的反思，「彼是莫得其偶，謂之道樞」則是「莊子」對此問題解決的智慧。準此，「得其偶」正如前文所述，是一種對於「信念」或「知識」之「固體狀態」的迷戀，因為這種「對偶相峙」的態勢，容易陷入「單向度視角的障蔽」〔註 27〕而無法理會價值之「同一」與「差異」的關係，故「莊子」提出了「道樞」的思維與作用。

據此，「道樞」之所以能夠「莫得其偶」，主要在於「得其環中，以應無窮」，則「樞」，即「門樞」與「環」，即「門樞環」的意象關係，主要用來比喻「是非相爭」的困局即如同「環圈」之循環封閉性，無窮而無有出口，但「環」中之「樞」，卻能使「環圈」靜止封閉的狀態，流轉隨應於開、合、掩、閉等不同情境。順此，「樞」正是彼、我融通的關鍵，其要則在於掌握「環圈」中的「虛空性質」，並以此智慧轉動、消融「是非相爭」之圈軌的慣性制約。

（二）「聖人」的「兩行之道」──對於「名實之用」的反思

從分析的角度而言，「語言」主要可分為「語法」（syntax）、「語意」

〔註 27〕「單向度視角的障蔽」在此係指「觀察者」基於目的上的需要，對「觀察物」進行單一視角的觀察與理解，進而「障蔽」了其他「視角」對於「觀察物」之不同樣態的可能性瞭解。

（semantics）以及「語用」（pragmatics）三個層面，此中「語用」不僅同時預設了「語法」和「語意」的關係，使用者於不同「具體情境」時的「心靈狀態」或「意識形態」也影響著語言的實際運用。〔註28〕反觀《莊子》，在點出「是非相爭」所造成的無窮困境之後，又進一步自「名實」之「用」的角度來反省，而此實涉及「莊子」對於「名言」之「用」的反省與觀點：

> 以指喻指之非指，不若以非指喻指之非指也；以馬喻馬之非馬，不
>
> 若以非馬喻馬之非馬也。天地一指也，萬物一馬也。〔註29〕

依此，就「莊子」思想在「思考的歷史性」層面而言，我們或可提出下列問題，作為導引的線索：

（一）就思想史的線索而言，《莊子》此段文獻所暗指的可能「對象」是什麼？

（二）繼之，「莊子」基於什麼樣的關懷，嘗試通過前論「儒墨之是非」的反思，解消並轉化此「對象」的問題？

首先，回到「百家爭鳴」的歷史情境觀之，就其「對象」的性質與範圍而言，主要可分為：（一）「學說觀念」與（二）「言辯行為」兩個面向進行理解。前者指學說或學派的理念內容；後者係指學者據其理念向其他學者或學派的言辯論爭。依此，倘若我們僅以「某一家學說的具體內容」為基本單位，一方面將涉及：1、文獻先後的時間問題；另一方面將導致：2、「莊子」也陷入「儒墨之是非」的學說對立問題。如是，歷來注家或有以公孫龍「指物論」、「白馬論」為《莊子》這段文本所批判的「對象」，這就須要從「學說理念」與「言辯行為」兩個面向進行討論。關於（一），問題已如前述之1、與2、。〔註30〕然而，「莊子」在「橫向的批判與認取」之間，仍有據之轉化而「調適

〔註28〕此處對於「語言」的理解，主要參考沈清松：〈當代語言哲學新探〉，《現代哲學論衡》（台北：黎明文化事業公司，1994年10月），頁61～66。

〔註29〕王叔岷：《莊子校詮‧齊物論》，頁59。

〔註30〕關於文獻先後的時間問題，又可從「作者」與「文本」之間的關係分別考慮：就「作者」的層面而言，或據錢穆：《先秦諸子繫年》頁696～697對諸子生卒約數的考訂，則「公孫龍」（320～250B.C.）與「莊子」（365～290B.C.）有時間上的重疊處；就「文本」的層面而言，今本《公孫龍子》，無論自「殘真說」、「全偽說」、「完本說」或「羼雜說」（參見馮耀明：《公孫龍子》（台北：東大圖書公司，2000年1月），頁8～24的討論）的觀點，則〈指物論〉、〈白馬論〉與〈齊物論〉之「指喻」、「馬喻」，在《莊子》眾多「集體作者」增潤刪改的情況中，其時間上的前後關係，在新的證據出現之前，則尚有商榷的空間。但若〈齊物論〉之「指喻」、「馬喻」是「針對性」的批評〈指物論〉、

上遂」的可能性；〔註31〕關於（二），假如我們回顧上一章對於「莊子」所謂「楊墨之駢枝」的問題討論，則「莊子」並非對「楊」或「墨」進行實際學說上的批評，而是針對其「言辯行爲」之導致自然本性的歧出的弊端提出批評。如是，則非僅公孫龍之「指物論」、「白馬論」，其「通辯論」、「堅白論」、「名實論」及其他辯者論說等「言辯行爲」，〔註32〕也在「莊子」的批判之列。

其次，我們將回到《莊子》文本，嘗試進行不同層面的分析如下：

（一）第一，從「莊子」對於公孫龍之「學說觀念」〔註33〕的轉化觀之

1、關於「指物論」，公孫龍有云：「物莫非指，而指非指」。〔註34〕此中，「『物』莫『非指』」意即「『天地萬物』都能透過『指謂』而得以認識」；「而『指』非『指』」則意謂：「但是『被指謂所指之物』並不等於『指謂』本身」。對此，則「莊子」所謂「以『指』喻『指之非指』，不若以非『指』喻『指之非指』」，意即：「以『指謂之指』曉喻『指非指』的觀念，不如超越『指謂之指』以曉喻『指之非指』的道理」。

2、關於「白馬論」，公孫龍有云：「馬者，所以命形也。白者，所以命色也。命色者，非命形也，故曰：白馬非馬」。〔註35〕此中，「馬者」是「形象之指謂」；「白者」是「顏色之指謂」，則「命色者，非命形也」，意即「形象

〈白馬論〉的「具體學說內容」，則我們有將「莊子」陷入「莊、公孫之是非」的難題處境。

〔註31〕承上註，既然在新的證據出現之前，時間問題尚有商榷的空間，則「莊子」雖未必針對公孫龍的學說內容，但仍有據之轉化而調適上遂的可能性。

〔註32〕「莊子」在指出「『楊』、『墨』之駢枝」的問題時，即例舉「堅白」、「同異」等辯者之問題，參見本論文第二章第二節：「『莊子』對於『楊』、『墨』之駢枝的批判」一項。

〔註33〕關於《公孫龍子》之政治目的，學說觀念等相關研究，請見：岑溢成：〈公孫龍及惠施思想研究〉，《哲學與文化月刊》第 11 卷第 6 期（1974 年 6 月），頁 20～26；鄺錦倫：〈公孫龍子指物篇試釋〉，《幼獅月刊》236 期（1974 年 11 月），頁 42～49；龐樸：《公孫龍子研究》（北京：中華書局，1979 年）；徐復觀：《公孫龍子講疏》（台北：台灣學生書局，1993 年 9 月）；馮耀明：《公孫龍子》（版本同註 216）；牟宗三：《名家與荀子》（收錄於《牟宗三先生全集》第 2 冊）（（台北：聯經出版社股份有限公司，2003 年 4 月），頁 61～164；陳榮灼：〈公孫龍與演繹思維〉收錄於楊儒賓、黃俊傑（合編）《中國古代思維方式探索》（台北：正中書局，1996 年 11 月），頁 231～307。等皆有不同側重的分析與討論。

〔註34〕陳注：《公孫龍子集解·指物論》（台北：河洛圖書公司出版社，1977 年 9 月），頁 86。

〔註35〕陳注：《公孫龍子集解·白馬論》，頁 54。

之指謂」不等同於「顏色之指謂」，故「白馬非馬」即是說：「『自顏色所指謂之馬』不等同於『自形象指謂之馬』」。對此，則「莊子」所謂：「以『馬』喻『馬之非馬』，不若以非『馬』喻『馬之非馬』」，意即：「以『顏色指謂之白馬』曉喻它不等同於『形象指謂之馬』的觀念，不如超越『形象指謂之白馬』曉喻其為『馬之非馬』」的道理。

3、依據1、與2、的討論可推知，「莊子」並非針對公孫龍的學說內容加以糾正或批評，而是站在「平齊物論」或「齊物之論」的立場，試圖擺落名言之辯的糾葛。故所謂「天地一指也，萬物一馬也」，即在於解消各種「指謂」對於天地萬物在認知上的分別限制，而無有萬「指」千「馬」之符號性的差別。

（二）第二，就「莊子」對於「言辯行為」的批判論之，「指」非僅語言符號之「指謂」。

嘗試論之，「以指喻之」或「以馬喻之」即如「以手指指示而言說」〔註36〕、「借『馬』之符號性而言說」等意象，而此皆蘊涵了人透過指示、語言符號等言辯行為，在主觀認取與辨知萬物上的意向性。然而，在《莊子》而言，「言辯行為」的迷失，除了耽溺於「抽象思辨」的複雜性之外，更容易造成實存生命與真實世界的疏離。

以下，「莊子」又從「名」與「實」之間的關係與成立原理進行反省：

> 可乎可，不可乎不可。道行之而成，物謂之而然。惡乎然？然於然。惡乎不然？不然於不然。物固有所然，物固有所可。無物不然，無物不可。故為是舉莛與楹，厲與西施，恢詭憰怪，道通為一。其分也，成也；其成也，毀也。凡物無成與毀，復通為一。唯達者知通為一，為是不用而寓諸庸；庸也者，用也；用也者，通也；通也者，得也；適得而幾矣。因是已。已而不知其然，謂之道。〔註37〕

據此，「莊子」主要從「道」、「物」與「謂」的關係進行探索如下：

1、「道行之而成，物謂之而然」是「莊子」對於「名實之用」最重要的反

〔註36〕關於「指」，〔清〕朱駿聲《說文通訓定聲》：「指，手指也。……《爾雅·釋言》：指，示也；《廣雅·釋詁一》：指，語也」。則「指」本身即有「以手指指示語之」的可能性意涵；關於「喻」，《說文通訓定聲》：「諭，告也，從言，喻聲，字亦作喻；《廣雅·釋言》：諭，曉也」。依此，「喻」或與「諭」通，皆有「言說而曉」之意。詳見氏著：《說文通訓定聲》，（台北：中華書局，1998年12月），頁590～591、頁363。

〔註37〕王叔岷：《莊子校詮·齊物論》，頁61。

思之一。依此,「謂」,即「指謂」主要是用來表詮「物」的語言符號;而充塞天地自然間的「道」,本非一恆常不變的真理等著詮釋者去符應,而是透過詮釋或是實踐的體察中,默存普遍即於個殊的智慧。如此,則「謂」對於「道」的表詮自然也無法於單向度中盡得其義涵。

2、繼之,「可乎可,不可乎不可」意即「指謂之指」與「物」之間的關係是「非必然性」的;而「惡乎然?然於然。惡乎不然?不然於不然」則指出它們之間的「任意性」。順此,則「物固有所然、物固有所可。無物不然、無物不可」說明了它們之間的關係雖非「必然」的,但在語用時的「任意性」都各有它們得以成立的因素。

同樣地,相較於「儒」、「墨」之爭,就「用」的反思而言,「莊子」認為能「通」或「達」是此中的目的與關鍵。嘗試論之,「儒」、「墨」之爭,實需仰賴作為「爭之器」的「名」,則「名」作為相爭、分別之用。在「莊子」的眼光看來,即所謂「成」,意即「道隱於小成」之「成」。繼而,伴隨著「成」而來的「毀」,不僅是畫地自限,同時也阻絕了人我相通的可能。順此,「莊子」之「庸」實藉由「用」與「不用」的「名相」,展示其「用」之理。所謂「為是不用而寓諸庸」,則「用」與「庸」本有對反之意,但「庸也者,用也」則說明「莊子」之「用」(「庸」)蘊涵了「用」與「不用」兩個面向,也唯有存全「用」與「不用」的可能,才有「通」的可行性。然而,「用」與「不用」的標準是沒有定界的,故「莊子」說:「已而不知其然謂之道」,即點明其準則不在於通過「知識」的建立,而是在當下的情境中體察自然的規律與演變,通達其行。

例如:「朝三暮四」的具體情境:

> 勞神明為一而不知其同也,謂之朝三。何謂朝三?狙公賦芧,曰:「朝三而暮四。」眾狙皆怒。曰:「然則朝四而暮三。」眾狙皆悅。名實未虧而喜怒為用,亦因是也。是以聖人和之以是非而休乎天鈞,是之謂兩行。〔註38〕

依此,不論是「朝三暮四」或是「朝四暮三」,以「名」觀之雖有所不同,但以「實」觀之則未有不同。然而,常人往往如「猴子」般,惑於「名」而不考其情「實」,喜怒哀樂之情緒遂跟著「名」的差異而變化。因此「『儒』、『墨』之是非」的現象,主要也根源於「名言」之執著。對此,「莊子」又提出了「聖人和之以是非而休乎天鈞,是之謂兩行」的典範性。分析如下:

〔註38〕王叔岷:《莊子校詮·齊物論》,頁61。

1、「和之以是非」即調和「儒」、「墨」之個別價值立場引發的是非之爭。

2、繼之，「天鈞」意即〈寓言篇〉所謂：「萬物皆種也，以不同形相禪，始卒若環，莫得其倫，是謂天均。天均者，天倪也」。〔註39〕此中，「不同形相禪」說明萬物各以不同的姿態存續於天地之間，意謂了存有間的連續關係；而「始卒若環」則進一步說明此「無始終」的存續關係，即萬物共為有機的整體。如此，「天均」即萬物同取彼此的情境中，各安於自然之分。

3、在「休乎天均」的境界中，不論是「儒」之「是」或「墨之是」皆能共存而行，即所謂「兩行」。如此，也沒有陷溺於「名言」而有「儒」之「非」與「墨」之「非」的問題。

（三）「聖人」與「滑疑之耀」的通達──對於「知之所成（目的）」的反思

透過「是」、「非」本質、「名實」之「用」的反思，「莊子」又進一步自「知之所成」的面向來討論，其曰：

> 古之人，其知有所至矣。惡乎至？有以為未始有物者，至矣，盡矣，不可以加矣。其次，以為有物矣，而未始有封也。其次，以為有封焉，而未始有是非也。是非之彰也，道之所以虧也。〔註40〕

在「莊子」的理解中，「知」涵蘊了四個層次，其高低如下：

1、「有以為未始有物者，至矣，盡矣，不可以加矣」

2、「以為有物矣、而未始有封」

3、「以為有封、而未始有是非」

4、「是非之彰也，道之所以虧也」

依此，這四個層次中涵蘊了三個區分的標準：（一）「以為『未始有物』與『有物』的分別」、（二）「以為『未始有封』與『有封』的分別」、（三）「以為『未始有是非』與『有是非』的分別」。據此，在「知」形成的過程中，「物」泛指經驗世界中的對象，「以為未始有物」即尚未將對象進行分判、理解之「渾然如一」的狀況，亦如「渾沌」之無有「七竅」（參見〈應帝王〉）；〔註41〕其次，「封」指分判萬物而類別之，並予以「命名」而有其外延界域，則「未始

〔註39〕《經典釋文》：「鈞本又作均」王叔岷：《莊子校詮・寓言》，頁1090。

〔註40〕王叔岷：《莊子校詮・其物論》，頁66。

〔註41〕王叔岷：《莊子校詮・應帝王》，頁303。

有封」即殊種萬象尚未被分限的情形；復次，「有是非」則是在「封」的基礎上，對萬事萬物進行價值判斷，因此也無法成就通達的「道」而有所虧缺。順此，「莊子」又曰：

> 道之所以虧，愛之所以成。果且有成與虧乎哉？果且無成與虧乎哉？有成與虧，故昭氏之鼓琴也；無成與虧，故昭氏之不鼓琴也。昭文之鼓琴也，師曠之枝策也，惠子之據梧也，三子之知幾乎，皆其盛者也，故載之末年。唯其好之也，以異於彼，其好之也，欲以明之。彼非所明而明之，故以堅白之昧終。而其子又以文之綸終，終身無成。若是而可謂成乎？雖我亦成也。若是而不可謂成乎？物與我無成也。是故滑疑之耀，聖人之所圖也。為是不用而寓諸庸，此之謂以明。〔註42〕

依此，「愛之所以成」之「愛」，原係分別之心作用下的主觀好惡，此處則延伸於個體生命在理念貫徹上的凝滯問題。則其所「成」，或如「道隱於小成」之「成」，皆迷於理念的符應與掌握。但「果且有成與虧乎哉？果且無成與虧乎哉？」則進一步質疑「成」與「虧」所涵蘊的價值意義。順此，「虧」的層面已如上所述；就「成」的層面而言，「莊子」分析世人所重之「成」，往往以自身異於眾人所擅長之事物，炫耀自己的成就，並以此「明示」於眾人。例如：「昭文之於彈琴」、「師曠之於擊拍」、「惠子之於辯談」等事。然而，「明示」之「明」與「通達」之「明」究竟有所不同，則「堅白」議題中，辯析而「成的」解釋，就宏觀的生命理境思之，其所「成」者，是否也僅是語言遊戲下的一種產物。如是，則這種意義下的「成」與「虧」有什麼差別呢？故「莊子」自遜而比於諸子曰：「若是而可謂成乎？雖我亦成也」，但「莊子」於此更根本的意涵應在於：沒有「成」與「虧」的問題。

順此，「滑疑之耀」實作為理解此處「聖人」之典範義蘊的關鍵。所謂「滑疑之耀，聖人之所圖」在理解上，有兩種看似相反的取向：

（一）「滑疑之耀」訓為「炫耀多智」，「圖」訓為「鄙」，意即諸子炫耀其多智是「聖人」所鄙棄的行為。〔註43〕

（二）「滑疑之耀」理解為「恢恑憰怪之智」，「圖」理解為「圖域」、「域限」，意即「聖人」能通達諸子之「恢恑憰怪之智」，並各安其位。

〔註42〕 王叔岷：《莊子校詮・齊物論》，頁66。
〔註43〕 此種取向以王叔岷為代表，參見《莊子校詮・齊物論》，頁69～70。

〔註44〕

就（一）的情形而言，主要是從字義的訓詁，與上下文的關係疏解其義；就（二）的情況而論，主要是宏觀「莊子」思想的可能性義涵，與上下文的關係做出的理解。

　　回到問題的本身，「聖人之所圖」之「圖」的理解是造成兩種詮釋分化的關鍵，則「滑疑之耀」便是我們思考的重點所在。假如回到「成」與「虧」的問題思考，「滑疑之耀」雖為諸子所擅長，但「莊子」反思了「成」與「虧」的問題，故「圖」訓為「鄙」，其效力當在：「滑疑之耀」所代表的「成」不能作為終極價值或「聖人」的典範義蘊。反之，「圖」理解為「圖域」、「域限」，其效力當在：「聖人」能於「用」與「不用」之間通達諸子之「滑疑之耀」。據此，「滑疑之耀」也就是指「知之所成」或為諸子存在之目的，然而自「聖人」之「明」觀之，其所「成」、所「虧」也容易陷落於封閉的信念或知識的執守中。

（四）「聖人」之「葆光」──對於「言」與「道」之關係的反思

　　經過種種層面的思索與討論，「莊子」又把反思的焦點回到本身的論述，其曰：

　　　　今且有言於此，不知其與是類乎？其與是不類乎？類與不類，相與為類，則與彼無以異矣。〔註45〕

為了避免「是非之爭」的重演，「莊子」表明自己的論述，無論是否切中對象（「類」與「不類」）的本身，「相與為類」，也就是通達萬物之情仍是「莊子」主要的關懷。對此，前文曾論及「是非」之爭是沒有對準焦距且不預設融通向度的爭論，然而，即使對準了焦距仍難逃「預設」上的相爭。在此，「莊子」基於自我反省的立場，又有自「思維上之無窮後退」提出反省者：

　　　　雖然，請嘗言之。有始也者，有未始有始也者，有未始有夫未始有始也者。有有也者，有無也者，有未始有無也者，有未始有夫未始有無也者。俄而有無矣，而未知有無之果孰有孰無也。今我則已有謂矣，而未知吾所謂之其果有謂乎，其果無謂乎？〔註46〕

據此，從「有始」、「未始有始」與「未始有未始有始」的推論主要是從「原

〔註44〕此種取向以郭象、成玄英為例，參見郭慶藩：《莊子集釋》，頁78。
〔註45〕王叔岷：《莊子校詮・齊物論》，頁70。
〔註46〕王叔岷：《莊子校詮・齊物論》，頁70。

因上的時間」逆推並預設了更早的發生義，但在「無窮後退的逆推」中，即使透過「語言」（符號）獲致了抽象的「理據」或「論述」，其「理據」與「論述」所蘊涵之種種「信念」與「預設」的抽象性是否等同於具體生命的眞實，本身即爲一大難題。〔註47〕順此，「莊子」以「有」、「無」的觀念爲例，「有」與「無」本身在層次上即有「始」與「未始」的意義，但「有」與「無」之上又有一個「未始」，「未始」之上又有「未始」，即若「無」之觀念只限定於「始」（有）之「未始」之義，則「無」所表徵的「未始」仍爲知性限度下的理解，而無法義蘊「未始理性」中的「未始」；反之，若將「無」設定爲「未始理性」的「未始」之義，那麼又將回到「無窮逆推」的「迴圈」（「莊子」所說的「環」）困境中，故「莊子」曰：「今我則已有謂矣，而未知吾所謂之其果有謂乎，其果無謂乎？」即反省了自己的論述。以下「莊子」又進一步提出了自己的『『齊物』之『論』」與「『齊』平『物論』」：

> 天地與我並生，而萬物與我爲一。既已爲一矣，且得有言乎？既已謂之一矣，且得無言乎？一與言爲二，二與一爲三。自此以往，巧曆不能得，而況其凡乎！故自無適有，以至於三，而況自有適有乎！無適焉，因是已。〔註48〕

就「齊物之論」的層面而言，「天地與我並生，萬物與我爲一」的觀點，並不是要把「天地萬物」與「我」之間如同產品製造般的單一格式化，而是將彼此視爲共生的有機性整體，故即使萬物本有殊種萬相之姿，但彼此卻是相容且自在的個體。自「平齊物論」的層面而言，「莊子」認爲既將「萬物」與「我」視爲「同一」，則「我」對於「萬物」的理解，又何須自「同一」中，詮釋出「同一之「一」，則「同一」之「一」就變成了「二」，再詮釋「『同一』之『一』」之

〔註47〕 此處可輔以「共相」問題，進行思考，吳光明認爲：「中國思想家只具體的表現共相，也許我們覺得表現共相的人爲努力中有其虛僞與不自然的成分；西洋的思想家們也感到多數事物的共相，如果表面化、明晰化，就會趨於拘束思考而不切實際。所謂的『共相問題』就是指這種感覺，他們卻用更多的共相來解決，好像擔心共相會解消於這些解決中似的。可是沒有被發掘出來而隱沒在實際的共相還是共相。它們不被注意地體現在我們的實際生活中。在我們的傳統中，在我們的比喻中，皆暗寓共相好像就是事物之道，思考之道，『道可道（可指出，認定），非常道』。同樣地，可辯證或可認定的共相也不是經常的共相。眞實而恆常的共相事不可談論，也不可辯論的。」詳見氏著：《歷史與思考》（台北：聯經出版事業公司，2003 年 9 月），頁 31。

〔註48〕 王叔岷：《莊子校詮・齊物論》，頁 70。

「一」就變成了「三」。如此則似乎陷入了「以定義法說明一切的謬誤」。〔註49〕同樣地，從「無」（未始）到「有」（有始）本已失去「無」的原始義蘊，更何況是不斷增生的「有」。依此，則又如漢代經學的傳承中，雖「師法」與「家法」本有其學術傳承的意義，然而「章句」以至數萬言的情形，對經學理解所造成的影響，〔註50〕或如同「莊子」對於「百家往而不返」的批評，同為「有」之不斷增生所造成的困境。故「莊子」並不認為「語言」在涵義上的明確性，能原於天地之美、通達萬物之情。

　　再者，回到「莊子」的問題：「既已為一矣，且得有言乎？既已謂之一矣，且得無言乎？」，則「言」與「無言」之間存在了一種辯證依存關係，如「莊子」不斷地透過問題反省自己的論述，又不斷地透過論述證說自己的反省。而「莊子」對於「言」與「道」之間的關係，又有從「語言行為」切入者：

　　　　夫道未始有封，言未始有常，為是而有畛也。請言其畛：有左有右，

　　　　有倫有義，有分有辯，有競有爭，此之謂八德。〔註51〕

依「莊子」，「未始有封」即如前論，乃指殊種萬象尚未被分限的情境，而「道未始有封」，顯見「道」實超越任何時空界域之知，內在並透過萬物自身呈顯於大化流行之中；而「言」的意涵也隨著不同的語境而無常態。那麼在「言

〔註49〕方東美曾說到哲學史上常見的幾種辦法有：（一）「以定義法說明一切」，（二）「以因果法說明一切」，（三）「以實體說明一切」，但這三種方式都是建立在錯誤的語言使用方式。其中，關於「定義法」的謬誤，他說：「若吾人採用如此的定義法，則第一個概念勢必用另一個概念來界定，而追問這另一個概念，你又勢必用第一個概念來界定。可見定義法總是在循環無已的表現思想的謬誤。在邏輯上訴之於定義，則總是限於兩種錯誤，若不是限於循環論證，就是避開了真實的問題。這等於是以彼一未知來定義此一未知。如此一來那定義中所宣稱的知識有效性究竟何在？」詳見氏著：《原始儒家道家哲學》，頁330～331。

〔註50〕從漢代經師傳經的過程而言，「師法」當在石渠議奏經說分家之後，主要指傳經始祖所建立的解經規範與原則。其後各經出現分流，在增飾的過程中，又逐漸興起新的典範而成為「家法」，皆指解經須遵守的規範而言；「章句」則就解經的形式而論，主要針對經的字、詞以至於整段文句的意義進行解釋。然而，在當時立於「學官」須成立一家之言的利祿問題下，「章句」歷經「師法」、「家法」的增釋流傳，雖增至百萬言卻難以突破其封閉性。參見戴君仁：〈經疏的衍行〉，《梅園論學續集》（台北：藝文印書館，1974年11月），頁93～102；錢穆：〈兩漢博士家法考〉，《兩漢經學今古文評議》（台北：東大圖書股份有限公司，2003年8月），頁176～192、196～204；林慶彰：〈兩漢章句之學重探〉，《中國經學史論文選集（上）》（台北：文史哲出版社，1992年），頁277～297。

〔註51〕參見王叔岷：《莊子校詮・齊物論》，頁72。

說」以通向「道」的過程中,「道」的內容即受到了「語言」之「畛」,〔註52〕
也就是語言界限的影響。如是,則「語言界限」對於「道」之明確劃分與作
用,自成了掌握「道」之「小成」的主要功用,也就是「八德」。〔註53〕此中,
「有左有右」,不外乎指得「道」基本態度與目的,也就是「立場」;「有倫」
〔註54〕即對於「道」的描寫、論述,可說是「申論」;「有義」〔註55〕則是對
於「道」在理解上的討論,即「互相商議」;「有分」意即對「道」之不同理
解面向的類分;「有辯」:則是在不同理解中的爭辯;「有競」:則執著於競逐
「道」之真、偽的確定性;最後,「有爭」則自各別的價值立場,爭奪伸「道」
之「言」的孰是孰非。相應於此,「莊子」進一步提出了「聖人」對於言道之
「語言行為」的態度:

> 六合之外,聖人存而不論;六合之內,聖人論而不議。春秋經世先
> 王之志,聖人議而不辯。故分也者,有不分也;辯也者,有不辯也。
> 曰:何也?聖人懷之,眾人辯之以相示也。故曰:辯也者,有不見
> 也。〔註56〕

據此,我們可以把這段話的的意義關係,圖示如下:

圖表 3-1

「聖人」	「眾人」
懷之:「分」與「不分」、「辯」與「不辯」 ↓ ↓ 1、「六合之外」→「存而不論」 2、「六合之內」→「論而不議」 3、「《春秋》經世先王之志」→「議而不辯」	「辯之以相示」

假如回歸當時的歷史情境,「眾人辯之以相示」或求其真理、或為求所用,
又或逞一己之能,即如「儒墨是非之爭」與「楊墨之駢枝」等現象皆屬於「天
下何其囂囂」的情景。相較於此,「聖人」雖將認知的對象區分了不同的層次,
然此中「言」與「道」的關係也在「分」與「不分」、「辯」與「不辯」的情

〔註52〕成玄英:「畛,界畔也」參見郭慶藩:《莊子集釋·齊物論》,頁84。
〔註53〕成玄英曰:「德者,功用之名也。」參見郭慶藩:《莊子集釋·齊物論》,頁85。
〔註54〕參見王叔岷:《莊子校詮·齊物論》,頁74。
〔註55〕同註240。
〔註56〕參見王叔岷:《莊子校詮·齊物論》,頁72～73。

境中而有所轉變。

從「道」於認知上的區分觀之，所謂「六合」，成玄英謂：「天地四方」，〔註57〕則「六合之外」即指「天地四方之外」，而「天地四方」主要是就人活動之場域與感官經驗到的事物而言，即「六合之內」。如是，則「六合之外」意指超出人活動之場域與感官經驗之外的對象。再者，「《春秋》」或者代表了「王者之跡」的承繼，則「《春秋》經世先王之志」則用以象徵整個歷史人文的傳統文化。如是，就「分」的面向來說，區分代表了認知活動在目的上與對象之本質的異質性，就「不分」的面向而言，「分」不是爲了「小成」之「道」，而是作爲「通」（明於自然之道）的基本瞭解。

就「言」的態度論之，「存而不論」意謂了認知對象超出了「言論」的層次或非「語言」所能完全承載與掌握者；「論而不議」說明認知對象可被「語言」描寫、論述，但「相議」甚至彼此「非議」將使認知者在詮釋上的「個殊性」受到限制；「議而不辯」則意蘊了認知對象對於認知者所處之群體社會的客觀意義，但是「辯」之活動容易迷失於「語言」所意蘊之「是」與「非」，故「莊子」說：「辯也者，有不見也」，亦即前文所謂「單向度視角的遮蔽」。

綜上所述，可知「言」與「道」之總總相應關係取決於「認知對象」對於「認知者」的認知意義，然而「道」本未有所「封」，故「聖人」對於不同層次的「道」雖有不同的「語言行爲」，但無論從「被認知」或是「認知」的立場皆能有所「默存」（懷抱），此即「不分」、「不辯」的意義。最後，「莊子」又嘗試伸言曰：

> 夫大道不稱，大辯不言，大仁不仁，大廉不嗛，大勇不忮。道昭而不道，言辯而不及，仁常而不成，廉清而不信，勇忮而不成。五者圓而幾向方矣，故知止其所不知，至矣。孰知不言之辯，不道之道？若有能知，此之謂天府。注焉而不滿，酌焉而不竭，而不知其所由來，此之謂葆光。〔註58〕

此中，「大道」、「大辯」、「大仁」、「大廉」與「大勇」之「大」，無論是從「道」或是「德」的角度而言，皆代表「莊子」視域下的價值義涵。而「稱」之「指涉」、「言」之「言說」；「仁」之「行仁」、「嗛」之「謙讓」以至於「忮」之「鬥狠」，在普通的情況下，皆可能作爲彰顯或實踐這些價值的方法與策略。

〔註57〕參見郭慶藩：《莊子集釋・齊物論》，頁 85。
〔註58〕王叔岷：《莊子校詮・齊物論》，頁 72～73。

然而，方法與策略本有其相應的目的與限制，過度的依賴往往容易迷失於「小成」之「道」或「德」而有所偏陷，所以說：「昭道」有顯有遮而未能盡「道」；「言辯」迷於言之是非而忘其所本；「仁常」淪為教條而失其感發、「廉清」則對比自己與他人凸顯自身的優越而難以服人、「勇忮」則落於意氣的爭奪。順此，深明此中之理，也有了基本的「道知」。則「知止其所不知，至矣」意謂能明於「分」與「不分」、「辯」與「不辯」以至於「道」與「不道」之間，即體察了「天府」，也就是「自然」之奧藏。

繼之，「注焉而不滿，酌焉而不竭」，就上下文脈絡而言，或可理解為「如何體察『天府』」的問題。對此，或如「老子」所云：「虛而不屈，動而愈出。多言數窮，不如守中」，〔註59〕在「言」與「道」之關係的反思過後，進一步回歸於「心」作修養工夫，亦如〈人間世〉之「心齋」或「老子」之「虛靜心」。凡此種種，就像「葆光」一樣，擁有智慧的火炬，點亮自然萬物的生機，使其自生自長，而非燒傷萬物。

（五）「聖人」之「生」與「成」——「有道」與「無道」、「有用」與「無用」的抉擇

關於「道」與「用」之間的理解關係：假如「道」是指理想的存在境地；那麼「用」即是指此情境中的意向行為，則「有道」與「無道」的「境遇」，將隨此變化於「用」與「不用」的選擇。

就「單出」的情況而言，「聖人」之義蘊又有涉及「道」與「用」關係者，如〈人間世〉曰：

> 孔子適楚，楚狂接輿遊其門曰：「鳳兮！鳳兮！何如德之衰也！來世不可待，往世不可追也。天下有道，聖人成焉；天下無道，聖人生焉。方今之時，僅免刑焉。福輕乎羽，莫之知載；禍重乎地，莫之知避。已乎已乎，臨人以德！殆乎殆乎，畫地而趨！迷陽迷陽，無傷吾行！吾行郤曲，無傷吾足！山木自寇也，膏火自煎也。桂可食，故伐之；漆可用，故割之。人皆知有用之用，而莫知無用之用也。〔註60〕

從此「寓言」中的「重言」情境觀之，「莊子」本借由「歷史人物」於其擬構之「對話情境」，寓其思想。故而「莊子」此處的批判對象，則不一定僅是針

〔註59〕朱謙之：《老子校釋·道經·第五章》，頁24。
〔註60〕王叔岷：《莊子校詮·人間世》，頁167。

對「孔子」或「儒者」而論，嘗試分析如下：

（一）「何如德之衰也！」顯示「接輿」游於孔門的情境中，始自其「境遇感」引發出「德」之如何實現的問題。

（二）細而思之，「德」之目的若框限於「過往之匡正」或「未來之期待」。則「往世」與「來世」相對於「現世」，皆顯得抽象而不契於生命實存之當下境遇。故「接輿」有「福輕乎羽，莫之知載；禍重乎地，莫之知避」的批判。

（三）相應於（二），則「天下有道」或「天下無道」本反映了生命理念於當下情境的判斷；那麼，「成」與「生」則代表「聖人」在不同境遇中的不同回應。依此，「德」的實現問題當回到「境遇感」的問題討論。

所謂「天下有道，聖人成焉」，若就諸子百家的角度論之。如前所論，各家皆有以「聖人」之符號，闡述並成就其中心價值者。反之，就〈天下篇〉：「道術將為天下裂」而百家往而不返的論點思考，則「有道」應指「道尚未被天下分裂」的情境。如是，則對「莊子」來說，百家所欲「成就」之價值，反成了「裂道」。因此，若以《莊子》各篇的連繫性觀之，「天下有道，聖人成焉」，或如「參萬物而一成純」之「成」〔註61〕、或如「攖而後成」之「成」，〔註62〕意謂在理想的境地中，「聖人」能夠隨順自然而成就萬物殊種萬相之姿；「天下無道，聖人生焉」，其所謂「生」或如「全生」之「生」，〔註63〕意謂在混亂複雜的境地裡，「聖人」能善於「存養性命」而不困於「德」性之顯發以至推己及人的實踐。

據此，「有道」、「無道」之不同情境對顯於「生」、「成」之用，主要在強調「境遇感」對於「聖人」處世的重要性，因此接輿所云：「臨人以德」為「畫地而趨」，意在批評其無法體察「無道」的境遇中，體知「德」之「用」與「不用」的分際。假如我們再回到接輿本身的「境遇感」觀之，其所謂「方今之時，僅免刑焉」，正回應了統治者「以賞罰為事」的「歷史情境」。由是可知，此處之「聖人」當指善察時變、通用如是之「典範人格」者。最後，「莊子」例舉「桂」、「漆」總結的反思曰：「人皆知有用之用，而莫知無用之用也」，其意所重者，

〔註61〕王叔岷：《莊子校詮·齊物論》，頁 87。
〔註62〕王叔岷：《莊子校詮·大宗師》，頁 237。
〔註63〕王叔岷：《莊子校詮·養生主》，頁 99。

非僅「用具性價值」意義的反思，更強調了通時達變的「境遇感」。

（六）「聖人將遊於物之所不得遯而皆存」——善於「死生」之化

在普遍的情況下，「死生」是生命存在的基本問題。在紛擾的春秋、戰國時代，對照本論文第二章的論述，人們對於「死生」存亡的焦慮，或者更為存在的核心問題，對此，〈大宗師〉有云：

> 死生，命也，其有夜旦之常，天也。人之有所不得與，皆物之情也。
> 〔註64〕

在「莊子」看來，「物」（生物）之「死生」變化的原理如同「日夜」的興衰交替，皆為「天」、「命」之自然演化，而非人力所能扭轉。順此，「莊子」又提出兩個反思、兩個喻解與兩個論證：

首先是兩個反思，主要針對當時的歷史情境，「莊子」曰：

（一）「彼特以天為父，而身猶愛之，而況其卓乎！」

（二）「人特以有君為愈乎己，而身猶死之，而況其眞乎！」

據此，「莊子」提出的反思是：無論是作為蘊育「生命」的「天」或人間價值的「君」，人們尚且為之「尊愛」、「捨身」以至於有「傷生害命」的可能性，但對更根本於自然變化之理的「死生」問題卻無法參贊其中。

其次是藉由「具體情境」的兩個喻解，「莊子」曰：

（三）「泉涸，魚相與處於陸，相呴以濕，相濡以沫，不如相忘於江湖。」

（四）「與其譽堯而非桀也，不如兩忘而化其道。」

依此，「泉涸」代表了魚群面對「死生」的臨界情境。則「相處於陸」、「相呴以濕」、「相濡以沫」象徵「魚群」為了「生存」，逆於「物情」之作為，則「相忘於江湖」，旨在警寓與其執著於「生」而逆於「物情」，不如回歸自然變化之道；而此又如同「譽堯而非桀」的價值分判，未能擺落「仁義」等諸種價值的執著。則「兩忘而化其道」亦如「相忘於江湖」意在消融人間價值的執守於自然變化之道。

最後是藉由「人」與「自然」之間的關係所進行的兩個論證，「莊子」曰：

（五）「夫大塊載我以形，勞我以生，佚我以老，息我以死。故善吾生者，乃所以善吾死也。」

（六）「夫藏舟於壑，藏山於澤，謂之固矣。然而夜半有力者負之而走，

〔註64〕 王叔岷：《莊子校詮‧大宗師》，頁223。

　　昧者不知也。藏小大有宜，猶有所遯。若夫藏天下於天下而不得所
　　遯，是恆物之大情也。特犯人之形而猶喜之。若人之形者，萬化而
　　未始有極也，其爲樂可勝計邪！」

根據（五）與（六）綜合觀之，「莊子」所謂「大塊」，即作爲「勞生」、「佚
老」與「息死」等人之存在活動的「場域」，也就是指「人存在之自然場域」。
則「人」與「大塊」之間的關係，就非僅「如何生存於自然之間」（「善生」）
的問題，也包涵了「如何面對死亡」（「善死」）的問題。

　　順此，「藏舟於壑」、「藏山於澤」以至於「藏小大有宜」原皆以「存生」、「避
死」爲目的，但「壑」、「澤」亦於「大塊」之中，則無論「藏」、「遯」於何處，
其實皆「無所逃於天地之間」，〔註65〕則「藏天下於天下而不得所遯」當指「死
生」問題之焦慮，應回到「物之情」的體察，而「物之情」，一方面指「自然變
化之理」，另一方面指「人存在之理」，合而觀之即指「人與自然共存之理」。

　　反過來說，「人之形」也就是「人之生命存在的形式」本隨自然大化而有
所變，故相較於常人「犯人之形而特猶喜之」，執著於「生」之「形態」，「莊
子」本有「一受其存形，不亡以殆盡」〔註66〕的觀念，故「莊子」曰：「萬化
而未始有極」意指隨順自然之變化，或能消解「其形化，其心與之然」〔註67〕
所存在之「善夭善老」、「善始善終」問題。據此，「聖人」亦有其相應的態度：

　　故聖人將遊於物之所不得遯而皆存。善夭善老，善始善終，人猶效
　　之，又況萬物之所係，而一化之所待乎！〔註78〕

所謂「聖人將遊於物之所不得遯而皆存」，其「物」即「物之情」，即如上述
所謂「人與自然共存之理」，則「不得遯」與「皆存」意指「聖人」面對此理
的態度，故「況萬物之所係，而一化之所待乎！」即感嘆：與其探問「如何
存生避死」的問題，不如自當下的「境遇」體察「人與自然的共存之理」，即
「聖人」於此所欲彰顯的「典範意義」。

（七）「聖人」之「道」與「才」——「聞道」與「踐道」之間的體察辨證

　　如何「聞道」一向是先秦諸子思想中非常核心且重要的問題，如：孔子

〔註65〕王叔岷：《莊子校詮・人間世》，頁138。
〔註66〕王叔岷：《莊子校詮・齊物論》，頁52～53。
〔註67〕王叔岷：《莊子校詮・齊物論》，頁53。
〔註78〕王叔岷：《莊子校詮・大宗師》，頁223。

曰：「朝聞道，夕死可矣。」（《論語・里仁》）〔註69〕舉示「道」的實踐對於
生命的超越性；孟子曰：「天下有道，以道殉身；天下無道，以身殉道。未聞
以道殉乎人者也。」（《孟子・盡心上》）〔註70〕展示了求「道」與行「道」的
決心。此中，諸子在不同的「具體情境」，對於「道」的實踐問題，皆有不同
面向或層次的點示。對此，「莊子」亦有所論及，其曰：

> 南伯子葵問乎女偊曰：「子之年長矣，而色若孺子，何也？」曰：「吾
> 聞道矣。」南伯子葵曰：「道可得學邪？」曰：「惡！惡可！子非其
> 人也。夫卜梁倚有聖人之才而無聖人之道，我有聖人之道而無聖人
> 之才，吾欲以教之，庶幾其果為聖人乎！不然，以聖人之道告聖人
> 之才，亦易矣。吾猶守而告之，參日而後能外天下；已外天下矣，
> 吾又守之，七日而後能外物；已外物矣，吾又守之，九日而後能外
> 生；已外生矣，而後能朝徹；朝徹，而後能見獨；見獨，而後能無
> 古今；無古今，而後能入於不死不生。殺生者不死，生生者不生。
> 其為物，無不將也，無不迎也；無不毀也，無不成也。其名為攖寧。
> 攖寧也者，攖而後成者也。」南伯子葵曰：「子獨惡乎聞之？」曰：
> 「聞諸副墨之子，副墨之子聞諸洛誦之孫，洛誦之孫聞之瞻明，瞻
> 明聞之聶許，聶許聞之需役，需役聞之於謳，於謳聞之玄冥，玄冥
> 聞之參寥，參寥聞之疑始。」〔註71〕

依此，主要可從「問題」與「解答」兩個面向思考，「南伯子葵」與「女偊」、
「女偊」與「卜梁倚」兩組情境交疊的線索：

就「問題」的提出而言，主要包涵了兩個連續性的問題，如下：

（一）「南伯子葵」所云：「道可得學邪？」的問題，即「如何學？」的問
題，也就是「『道』如何透過『學』的方式而成」的問題。

（二）「南伯子葵」提出「子獨惡乎聞之？」的疑問，即「如何知？」的
疑惑，即：「若『道』非『學』之問題，又是如何體知」的問題。

就「解答」的回應而論，「如何學？」的問題，首要牽涉了「聖人之道」與「聖
人之才」的問題，依「莊子」，「道」當指「聖人」典範的圓滿體現；「才」即

〔註69〕〔魏〕何晏注、〔宋〕邢昺等疏、〔清〕阮元校勘：《論語注疏》，卷四，頁37。

〔註70〕〔漢〕趙岐注、〔宋〕孫奭疏、〔清〕阮元校勘：《孟子注疏》，卷十三下，頁243。

〔註71〕王叔岷：《莊子校詮・大宗師》，頁237。

「才全」〔註72〕之「才」，意指涵有能「順四時之化」之天生材質者（亦如上一節中的「聖人」義），則「聖人之才」或「聖人之道」的有無，其差別在於：女偊雖體「道」而「色若孺子」，唯踐「道」無終始亦無可「道」（言說）盡；卜梁倚雖尚未有體知於「道」的問題，卻充滿了「體道」的能動性。如是，若從「學」的立場來談「體道」、「踐道」的問題仍有相當的難題：故女偊權且以「守」而告之的方式展現如下：

（一）吾由守而告之，參日而後能外天下。

（二）吾又守之，七日而後能外物。

（三）吾又守之，九日而後能外生。

（四）「朝徹」→「見獨」→「無古今」→「入於不死不生」。（「攖寧」）

就（一）（二）與（三）、而言，「參」、「七」、「九」象徵修道「時間上」的進程；「天下」則泛指天地萬物的抽象總合，「物」〔註73〕意謂了實存的物體或情感，「生」即指生命存在的基本維度。而「守」則是女偊的「踐道」工夫，並以「外」〔註74〕為法，即解消萬象對於生命的牽引。依此，「外天下」、「外物」、「外生」則表徵生命存在之焦慮所涉及的範圍，在修養的進程中，從對象物向主體生命的收攝。其後，以（四）而言，「朝徹」或謂之「明徹」，〔註75〕，則「見獨」之「獨」相對於「偶」，亦如「彼是莫得其偶，謂之道樞」，掌握了「虛中之樞要」。繼此，又如成玄英所謂：「絕待」、「絕對」，〔註76〕能夠「乘天地之正」、「御六氣之辨」、「以遊無窮」（《莊子‧消遊遊》）。如是，在此修養實踐的過程中，「古」與「今」、「死」與「生」之間，無論是在「認知」上或「價值」上，彼此的相對都同於自然大化之中。則「殺」與「生」之間自然也無「死」與「生」的問題。

順此，「將」、「迎」是面對自然萬物（「為物」）的態度，「成」、「毀」是相應於態度所獲致的效用，則「無不將」、「無不迎」、「無不成」、「無不毀」即「遊」

〔註72〕王叔岷：《莊子校詮‧德充符》，頁190。

〔註73〕此處之「外物」之「物」亦如「與物相刃相靡」（《莊子‧齊物論》）之「物」皆指實存的物體與情感。

〔註74〕此處輔以郭象、成玄英解「外」為「遺」或「忘」之義，參見郭慶藩：《莊子集釋‧大宗師》，頁253。

〔註75〕侯侗云：「說文：『朝，旦也』旦，明也。』，『朝徹』謂『明徹』也。」參見王叔岷：《莊子校詮‧大宗師》，頁239

〔註76〕關於「見獨」，成玄英疏曰：「絕待絕對，觀斯勝境，謂之見獨。」參見郭慶藩：《莊子集釋‧大宗師》，頁254。

於「將」與「迎」，「成」與「毀」的兩行之理。據此，「攖寧」，陸長庚曰：「世
梦擾擾之中而成大定」，〔註77〕「攖」所意指之「擾擾之中」，當蘊涵了上述種
種對反的情境，則「攖而後成」之「成」，當如前文所述之「參萬歲而一成純」
〔註78〕之「成」，意謂將萬事萬物之情，通成於自然變化之理中。

以下，就「若『道』非『學』之問題，又是如何體知」的問題而論，女
偊又逆推有一層次如下：

(一)「副墨之子」
(二)「洛誦之孫」
(三)「瞻明」
(四)「聶許」
(五)「需役」
(六)「謳」
(七)「玄冥」
(八)「參寥」
(九)「疑始」

依此，「副墨之子」與「洛誦之孫」，一則指「文字」〔註79〕、一則指「言語」
之「習誦」；〔註80〕「瞻明」與「聶許」，前者指透過耳目官能的經驗之知，
後者指心有體悟，而私藏於心未能公行；〔註81〕「需役」與「謳」，前者指「實
行」，〔註82〕後者或為「煦」字、象徵之「欲化之貌」，〔註83〕則或指「行而
化其跡」之義；「玄冥」與「參寥」，一則指「深遠幽寂」，〔註84〕一則謂「高
邈寥曠」〔註85〕的意象；最後，「疑始」則指「有始而非始」〔註86〕

〔註77〕參見王叔岷：《莊子校詮・大宗師》，頁240。
〔註78〕王叔岷：《莊子校詮・齊物論》，頁87。
〔註79〕成玄英曰：「副，副貳也。墨，翰墨也；翰墨，文字也。」參見郭慶藩：《莊
子集釋・大宗師》，頁256。
〔註80〕成玄英曰：「背文謂之洛誦」，同註265。
〔註81〕成玄英曰：「既誦知稍深，因教悟理，心生歡悅，斯自許當，附耳竊私語也」，
同註265。
〔註82〕陸長庚曰：「需役，行也」，參見錢穆：《莊子纂箋・大宗師》，頁55。
〔註83〕《經典釋文》：「謳，煦也，欲化之貌」，參見郭慶藩：《莊子集釋・大宗師》，
頁257。
〔註84〕成玄英曰：「玄者，深遠之名也。冥者幽寂之稱。」，同註269。
〔註85〕《經典釋文》：「李云：參，高也。高邈寥曠，不可名也」，同註269。
〔註86〕宣穎曰：「似有始而未嘗有始也。」參見錢穆：《莊子纂箋・大宗師》，頁55。

　　嘗試論之，就「求道者」的立場而言，（一）與（三）意指對於「道」之「語言文字」符號的理解；（三）與（四）則配合前者於感官經驗中的符應；（五）與（六）則又在前者的基礎上，以其經驗之知作爲踐行「道」之準；（七）、（八）、（九）的意象，則又象徵對於「道」於「學而知」的牽執，不再探問整個求『道』如何知的過程與根源，而是回歸「心」上作修養工夫。依「層次」的本身而論，「層層逆推」主要象徵層層剝筍後，見其虛空之理，若參以「心齋」〔註87〕與「坐忘」〔註88〕的義蘊觀之，則「玄冥」、「參寥」的空間意象即蘊含了「虛而待物」之義、「疑始」對於相對時間的解消，亦即「同於大通」之理。據此，「聖人」於此所欲彰顯的典範義蘊，當於「聞道」與「踐道」之間的體察與辯證。

（八）「聖人」之「正而後行」──「天下」之「內治」與「外治」的省思

　　「莊子」於〈應帝王〉裡，主要有四組情境關涉到「治理天下」的問題：（一）齧缺與蒲衣子的對話；（二）肩吾與接輿的對話；（三）天根與無名人的對話；（四）楊子居與老聃的對話。此中，（二）與（四）涉及了作爲「正向範型人格」之「聖人」義蘊，當以（一）、（三）輔以（二）之「聖人」義蘊的詮釋。依此，「莊子」曰：

> 肩吾見狂接輿，狂接輿曰：「日中始何以語女？」肩吾曰：「告我君
> 人者以己出經式義度，人孰敢不聽而化諸！」狂接輿曰：「是欺德也。
> 其於治天下也，猶涉海鑿河而使蚊負山也。夫聖人之治也，治外乎？
> 正而後行，確乎能其事者而已矣。且鳥高飛以避矰弋之害，鼷鼠深
> 穴乎神丘之下以避熏鑿之患，而曾二蟲之無知！」〔註89〕

據此，主要可從「外治」與「內治」的觀點對應說明。「內治」主要是指順乎自然、通達人情的層面而言，「外治」則從外在形式上的禮法規範而論。

　　以「外治」論之，「以己出經世義度，人孰敢不聽而化諸！」意謂了「統治者」藉由客觀形式的禮法規範，對「被統治者」的行爲進行某種價值取向的符應與要求，亦如有虞氏之「藏仁以要人」，其「藏仁」已非「仁義內在」之「仁」，而是藏「『仁』形式化於『義』之符節」之「仁」，若是，則不免衍生符節內外的「賞罰」問題與需求，儘管如此，就「統治者」的立場而言仍能獲致相當程

〔註87〕參見王叔岷：《莊子校詮・人間世》，頁130。
〔註88〕參見王叔岷：《莊子校詮・大宗師》，頁268。
〔註89〕王叔岷：《莊子校詮・應帝王》，頁278。

度的治效，但就「莊子」的觀點看來，「統治者」不免逆於自然之理（「涉海鑿河」）；「被統治者」不免受到「治效之功」與「賞罰」之雙重壓力（「使蚊負山」）的箝制。然而，「賞罰」與「功效」等形式層面的問題，亦如「莊子」托言「老子」所云：「是於聖人也，胥易技係，勞形怵心者也。」〔註90〕即對「聖人」而言，「胥易」（惑於知識）、「技係」（肢體受勞），反將造成「領導者」與「被領導者」之間的陷溺與戕害。故「莊子」以「矰弋」、「熏鑿」對於「鳥」、「鼠」的壓迫，比擬「客觀形式的禮法規範」對於人之自然性情的壓迫性。

再就「內治」觀之，「正而後行」所「正」者即「不失性命之情」，〔註91〕唯有在此前提下，「確乎能其事」的效用才得以發揮。對此，又可自「統治」與「被統治」的兩種立場進一步分析。對於「統治」的「層面」而言，「不失性命之情」當在於自我性情、生命的反省，則「順物自然而無容私焉，而天下治矣」〔註92〕方有其可能。換句話說，「統治者」不論如何的「誠明」、「聖賢」仍無須膨脹爲絕對的救世主；否則不僅其救世的理想未能融通於萬種性命之情，也將使自身「勞形怵心」，甚至「終身役役而不見其成功」：〔註93〕其次，就「被統治」而論，倘若人民之性情、生命無法免於恐懼而獲得照顧與安置，則社會容易瀰漫暴戾而失其祥和之氣。

以上所謂「外治」與「內治」，主要是從治天下的不同取向所獲致的不同效用進行論述。實際上，若連同（一）、（三）的對話情境綜合觀之，「何問之不豫也」〔註94〕、「汝又何帠以治天下感予之心爲？」〔註95〕當蘊涵了「治」與「不治」的問題。據此，則「外治」即指客觀形式之「治」，「內治」即如「其知情信，其德甚眞，未始入於非人」〔註96〕之「不治之治」。

二、作爲「負向範型人格」的「聖人」

根據筆者的觀察，《莊子》書中自「負向典範」詮解「聖人」者（以下稱

〔註90〕王叔岷：《莊子校詮·應帝王》，頁284。
〔註91〕「莊子」於〈駢拇〉嘗云：「彼正正者，不失其性命之情」，參見王叔岷：《莊子校詮》，頁313。
〔註92〕王叔岷：《莊子校詮·應帝王》，頁281～282。
〔註93〕王叔岷：《莊子校詮·齊物論》，頁53。
〔註94〕王叔岷：《莊子校詮·應帝王》，頁281。
〔註95〕同註280。
〔註96〕王叔岷：《莊子校詮·應帝王》，頁275。

之爲「負向範型聖人」），多出於外、雜篇之處。又如上述，「聖人」往往是先秦諸子藉以闡發思想，達其經世價值的「語言符號」，雖「負向典範聖人」未必盡爲「莊子」思想的核心義蘊，但是將它與「正向範型聖人」綜合比觀，或能更全面的掌握「莊子」之「聖人」的義蘊。

　　回到「以物易其性」、「好知而亂天下」、「以賞罰爲事」的「歷史情境」，相較於「正向範型聖人」通於「用」與「不用」之間，「負向範型聖人」往往基於「用」的立場中，有所困守。據此，本論文當自「負向典範聖人」之「用」爲理解核心展開探問如下：

　　（一）「負向典範聖人」對於「用」之「假設」與「目的」是什麼？

　　（二）相應於（一），「負向範型聖人」採取了什麼樣的方法或途徑？

　　（三）根據（一）與（二），「莊子」對「負向範型聖人」所獲致的效用有
　　　　　什麼樣的評價？

　　針對（一），「負向典範聖人」之「用」，當在建立人間世界的客觀價值秩序。假如以前論「治外」的觀點理解，則「己出之經世義度」，意即此「客觀價值秩序」的建立蓋源自於「聖人」之手，則此「聖人」或如荀子所倡能「化性起僞」之「聖人」，〔註97〕或如韓非所稱能「不苟於世俗之言，循名實而定是非，因參驗而審言辭」之術的「聖人」，〔註98〕皆預設一終極向度的「聖人」，並將萬般殊種之生命的意義與價值根源俱出於「聖人」，進而「匡天下之形」、「慰天下之心」。〔註99〕

　　針對（二），相應於（一），「屈折禮樂」、「縣跂仁義」〔註100〕是「負向範型聖人」治理天下的方法，其中，「屈折」意謂形式之禮的建制，則此「禮樂」不僅無復「宗法」制度下，「親親」、「尊尊」的精神，又陷於客觀規範的治效目的；同樣地，「縣跂」意謂價值的懸示與標榜，則此「仁義」亦如上述之「禮樂」，不再是良知、良能的展現，而淪於價值樹立的標籤。

　　其後，就（三）而論，相應於（一）與（二），從「莊子」的眼光看來，「負向範型人格」之治卻存在了若干及其延伸的問題：

〔註97〕荀子曰：「聖人化性而起僞，僞起而生禮義，禮義生而制法度；然則禮義法度者是聖人之所生也」參見李滌生：《荀子集釋》（台北：台灣學生書局，2000年3月），頁545。

〔註98〕陳啓天：《增訂韓非子校釋・姦劫弒臣》，頁216。

〔註99〕王叔岷：《莊子校詮・馬蹄》，頁340。

〔註100〕同註285。

1、即以「屈折禮樂」、「縣跂仁義」治理天下的同時，其形之「匡」、其
　心之「慰」，是否能兼顧萬般殊種的性情生命，各使其自在自生？

2、客觀形式上的「禮樂」建制，在結構的組織上，雖能獲得相當程度的
　秩序穩定，但是又將有什麼負面影響的可能？

　　關於 1、回到「以物易其性」的現象觀之，統治者「招仁義以撓天下」，
則「天下莫不奔命於仁義」，意謂被統治者爲了符應「仁義」以至於「禮樂」
所代表的客觀價值，而損傷原有自然天真之性，故「莊子」曰：「道德不廢，
安取仁義！性情不廢，安用禮樂！」〔註101〕說明治理天下之準，當明於自然
之理，通達性命之情爲要，則「莊子」所謂：「毀道德以爲仁義，聖人之過也！」
〔註102〕意在批判「負向範型聖人」之治，爲了以「仁義」得其治效，而傷殘
自然性命之情。

　　關於 2、「莊子」有謂：「世俗之所謂至知者，有不爲大盜積者乎？所謂至
聖者，有不爲大盜守者乎？」〔註103〕此中，「至知」意指具有價值，並通行於
人間世界的信念與知識；「聖者」則是此價值信念與知識的創造者、實踐者。
那麼「屈折禮樂」與「縣跂仁義」在理念層面的發展與制度層面的建制，當
有賴於信念的組織與知識的運用，則首要碰觸到的問題，將是「統治者」與
「輔佐者」爲了實際上的成效，迷失於「好知」的情況。再次，當「理念」
的發展與「制度」的建制深具規模而獲得穩定的效用後，在對象上，自不限
於「使用者」及其相應之「目的」，故有「盜亦有道」〔註104〕之論。換句話說，
當「負向範型聖人」陷溺於「理念」與「制度」創發與建制時，「聖人」遂如
「天下之利器」〔註105〕般的效用，非僅善良之人不得聖人之道不立，盜跖不
得聖人之道也同樣不行，〔註106〕所以「莊子」有謂「棄聖絕智，大盜乃止」
〔註107〕即如「老子」所云：「絕聖棄智，民利百倍」〔註108〕意在跳脫「知」
作爲「爭之器」所引發之種種問題的亂象，回歸自然的素樸澄靜。

　　以下，進一步析論「正向範型聖人」與「負向範型聖人」的差異：就「議

〔註101〕王叔岷：《莊子校詮・馬蹄》，頁 335。
〔註102〕同註 287。
〔註103〕王叔岷：《莊子校詮・胠篋》，頁 349。
〔註104〕王叔岷：《莊子校詮・胠篋》，頁 350。
〔註105〕王叔岷：《莊子校詮・胠篋》，頁 356。
〔註106〕王叔岷：《莊子校詮・胠篋》，頁 350。
〔註107〕王叔岷：《莊子校詮・胠篋》，頁 356。
〔註108〕朱謙之：《老子校釋・道經・第十九章》，頁 74。

題」涉及的廣度，相較於「正向範型聖人」從「內在人格修養」到「外在具
體行為」的多樣性，「負向範型聖人」多涉及「具體行為」層面的「外治」取
向，申論其「負向」義涵與流弊。若就「人格特質」而言，「負向範型聖人」
代表了「理念」與「制度」的創建者；「正向範型聖人」則「通天下一氣」與
自然造化同流。

第四節　「眞人」單出所涉及之議題「有眞人而後有眞知」——從「明於天人之分」通向「天人不相勝」

　　就「單出」的情形而言，相較於「至人」、「神人」、「聖人」等諸「典範
人格」，散佈於《莊子》各內篇的情況看來，「眞人」僅見於〈大宗師〉一篇，
再就內篇中「換用」、「並列連用」的情形而論，除〈大宗師〉「眞人」段，或
滲入「聖人」、「士」、「役人」等人格類型作為輔助性說明外，其餘皆無「眞
人」與其他諸「典範人格」同時涉入同一議題的情況。

　　其次，從先秦諸子書的語用情況觀之，假如我們以《漢書‧藝文志‧諸
子略》對諸子分家的分判切入，相較於「至人」、「神人」、「聖人」俱見於諸
子之書，〔註109〕「眞人」僅見於「道家」之「列子」與「雜家」之「呂氏春
秋」；又從《莊子》的內容觀之，〈天下篇〉稱「老子」為「古之博大眞人」，
〔註110〕顯見「眞人」之於「莊學」或「道家之學」的特別性與重要性。

　　事實上，「眞人」在《莊子》內篇中，涉及了中國宗教與哲學中非常重要
而傳統的「天人問題」，〔註111〕相較於諸子思想對於「自然之天」、「義理之天」，

〔註109〕例如：「至人」曾出現在歸入「儒家」的《荀子》、「道家」的《列子》；「神人」
　　　　　出現在歸入「儒家」的《晏子》、「道家」的《列子》；「聖人」則普遍見於諸
　　　　　子書，如上一節所論。諸子歸入的家派請見〔漢〕班固：《漢書‧藝文志》（台
　　　　　北：鼎文書局，1978年4月），頁1701～1781。
〔註110〕王叔岷：《莊子校詮‧天下》，頁1338。
〔註111〕關於中國傳統「天人關係」的問題，可參考張亨：〈天人合一的原始及其轉化〉，
　　　　　《思文之際論集——儒道思想的現代詮釋》（台北：允晨文化公司，1997年
　　　　　11月），頁249～284；蔡英文：〈天人之際——傳統思想中的宇宙意識〉，黃
　　　　　俊傑主編《中國文化新論（思想篇二）——天道與人道》（台北：聯經出版事
　　　　　業公司，1983年4月），頁285～327；楊惠傑：《天人關係論》（台北：水牛
　　　　　出版社，1994年8月再版）；菅本大二：〈中國古代當中「天」概念的形成與
　　　　　開展〉收錄於鄭吉雄主編《觀念字的解讀與思想史探索》（台北：台灣學生書

「宗教之天」與「人」之關係的討論，「莊子」亦有自「眞人」進行展開者。以下將進一步自〈大宗師〉之「眞人」展開分析：

> 知天之所爲，知人之所爲者，至矣。知天之所爲者，天而生也；知人之所爲者，以其知之所知以養其知之所不知，終其天年而不中道天者，是知之盛也。雖然，有患。夫知有所待而後當，其所待者特未定也。庸詎知吾所謂天之非人乎？所謂人之非天乎？且有眞人而後有眞知。〔註112〕

依此，當有下列幾項重要義涵：

（一）相對於「天、人分明之知」，「莊子」提出「眞人之知」於「知」之典範意義。

（二）「天、人分明之知」的內容主要爲「知天之所爲」與「知人之所爲」的界判，其所謂：「至矣」，說明了「明於天人之分」，在某種情境或一定的條件下，代表了一種美善的「『知』之形態」。

（三）「天之所爲」主要指自然造化演變的律動，「天而生」意謂人存在於天地自然之中，本同於流行而感知其演變的現象；相對地，「人之所爲」主要是指人類文化的發展與具體建設的落實，則「以其知之所知以養其知之所不知」意即藉由理念原則與經驗事實的交互作用中，不斷增生新的信念與知識，以通向未來世界的過程。

（四）「終其天年而不中道天」是「常人明於天人之分」的主要目的與功效。

（五）「終其天年」雖如同於「全生」、「保身」之意義，但在此之前仍存在：「如何明於天人之分」的問題，則「天」、「人」之際的判別就成了首要的問題。然而「知有所待而後當」，認知的過程中必須有明確的對象方有其恰當的指涉。假如問題的本身即在於對象的不確定性，即「其所待者未特定也」的問題，那麼又如何確定「天」是「天」，「人」是「人」，以至於「明於天人之分」呢？

（六）根據（一）～（五）的涵義，「莊子」提出了「有眞人而後有眞知」之命題，此「眞知」並蘊涵了兩個相表裡的問題，即：1、「天」（自然）與「人」的關係如何理解？2、「人」與「天」（自然）之間又

局，2009 年 2 月），頁 53～72。

〔註112〕王叔岷：《莊子校詮・大宗師》，頁 205。

如何互動？則「眞人」之形相所呈顯的範型意義，實爲此中之明針導引。

根據（六）－1、的問題，〈大宗師〉所涉及的論述主要如下：

（1）不以心捐道，不以人助天，是之謂眞人。〔註113〕

（2）故好之也一，其弗好之也一。其一也一，其不一也一。其一與天爲徒，其不一與人爲徒。天與人不相勝也，是之謂眞人。〔註114〕

據此，「以心捐〔註115〕道」是指「明分天、人而損傷於道」的行爲；「以人助天」則欲以「常人之知」通向「天人之道」，若是，則「眞人」之「不」意謂了「天」、「人」關係的理解，不當陷於知識（「常人之知」）層面的追求與實行。倘若回到「常人明於天人之分」的目的進行考慮，能不能「終其天年而不中道夭」是此中最大的渴望，但無論走入「與天爲徒」或走入「與人爲徒」的方向，皆無有獲致必然保證之可能。嘗試論之，「與天爲徒」本即「人」同於「天」（自然造化）而共流之理；「與人爲徒」則必須對萬般殊種之差別相進行體察，亦無可免於對「明於天人之分」，在依賴上的陷溺，如此，則無有窮盡之可能與困境。故「莊子」所謂「其一也一」、「其不一也一」意指不論是「好之」或是「弗之」、「知天」或是「知人」、「與天爲徒」或是「與人爲徒」都涵攝於「眞知」之中而無有「差異」。依此，「眞知是什麼？」的關鍵即在於「天與人不相勝」的「眞人」，則本文將從「天人關係如何理解」的問題，轉向「天與人如何互動」，也就是「天與人如何不相勝」的實踐問題，對「眞人」之形相進行不同層面的分析。

據此，「天與人如何不相勝」的問題，主要仍須從「明於天人之分」的（一）「原因」、（二）「目的」、（三）「具體作爲」等主要層面，進行綜觀對照性的理解與反思：

一、原因層面

就「莊子」的觀點論之，倘若明於天人之分的原因，僅在於種種生命慾望之陷溺與現實之牽引。如本文「以物易其性」一節中，所論之「小人」之

〔註113〕王叔岷：《莊子校詮・大宗師》，頁209。

〔註114〕王叔岷：《莊子校詮・大宗師》，頁215。

〔註115〕王叔岷曰：「〈史記賈誼列傳索引〉引此文正作『損』，『不以心損道，不以人助天』一損一助，相對而言，損與捐義亦相近」參見氏著：《莊子校詮》，頁212。

於「利」、「士」之於「名」，「大夫」之於「家」，「聖人」之於「天下」的情況。反而造成自然性情的扭曲，那麼，「天、人分明之知」反而將造成生命更大的扭曲。如是，「眞人」之範型意義，「莊子」當有自「欲望」提出反思者：

> 古之眞人，其寢不夢，其覺無憂，其食不甘，其息深深。眞人之息以踵，眾人之息以喉。屈服者，其嗌言若哇。其者欲深者，其天機淺。〔註116〕

「寢」而「夢」、「覺」而「憂」、「食」而「甘」以至於「息」而「深」，主要是從心理與生理層面，說明眾人由於「欲望」之息氣所引發之種種現象，若再從「氣息」運行的角度觀之，眾人「息以喉」之「嗌言若哇」，〔註117〕顯見眾人無法妥善地平衡天地自然之氣與體內之氣的運通，相較於此，「眞人」之所以能夠「不夢」、「無憂」、「不甘」而不受慾望的牽引，乃在於「眞人之息以踵」，能通引自然之氣遍入於體內，而與造化同流。（此中涵蘊的修養意義，且容後論述）因此，「其欲深者」即陷於各種欲望的追求以致於引氣不齊，則「莊子」所謂「其天機淺」，意即無法明於自然之機而通天下之一氣。

二、目的層面

在上文中，本文嘗論及「常人明於天、人之分」的主要目的在於「終其天年而不中道夭」，則此中所涵蘊之「能不能終養天年？」與「如何終養天年？」的相關問題，當爲「眞人」所反省者：

> 古之眞人，不知說生，不知惡死；其出不訢，其入不距；翛然而往，翛然而來而已矣。不忘其所始，不求其所終；受而喜之，忘而復之，是之謂不以心損道，不以人助天。是之謂眞人。若然者，其心志，其容寂，其顙頯；淒然似秋，煖然似春，喜怒通四時，與物有宜而莫知其極。〔註118〕

就「能不能終養天年」的問題而言，「不知說生」、「不知惡死」說明「眞人」

〔註116〕王叔岷：《莊子校詮·大宗師》，頁205～206。

〔註117〕成玄英《疏》曰：「嗌，喉也。哇，礙也。凡俗之人，心靈馳競，言語喘息，進出咽喉，情躁氣促，不能深靜，屈折起伏，氣不調和，咽喉之中恆如哇礙也」，參見郭慶藩：《莊子集釋·大宗師》，頁228。

〔註118〕王叔岷：《莊子校詮·大宗師》，頁209。

並不耽溺於「死生存亡與否」之生命根本的價值問題，則「能不能終養天年」，即明於天人之分以養生避死的問題對於「眞人」而言，並不是關心的重點。

若以「眞人」之形相論之，「其心志」、「其容寂」、「其顙頯」主要是指「眞人」透過內在修養呈顯於外的意象，以「安時」的層面來說，「眞人」在整個時間造化的歷程中（即「出入」、「始終」之間），都能處之泰然（「受而喜」、「忘而復」、「儵然往來」），而不固著於「死生」焦慮的解消；再從「處順」的觀點而言，「淒然似秋」、「煖然似春」指「眞人」的情緒不易受到外物的牽引並與世浮沉，而能隨順自然四時的變化，進而「與物有宜而莫知其極」。此中，「與物有宜」當指人與天之間的和諧，「莫知其極」意謂不知其界限，即如上文所論「不以心損道，不以人助天」，即不以「明於天人之分」，通向「天人相契之道」。

其次，既然「眞人」以爲「常人之知」的獲致無益於「能不能終養天年？」的問題，則「如何終養天年？」的問題，自然也非「天人分明之知」所能解決，亦非「眞人」之範型意義所欲展現者。唯「莊子」又有以「聖人」〔註119〕、「仁者」、「賢者」、「君子」、「士」、「役人」等諸人格類型說明此一問題者：

> 聖人之用兵也，亡國而不失人心；利澤施乎萬世，不爲愛人。故樂通物，非聖人也；有親，非仁也；天時，非賢也；利害不通，非君子也；行名失己，非士也；亡身不眞，非役人也。若狐不偕、務光、伯夷、叔齊、箕子、胥餘、紀他、申徒狄，是役人之役，適人之適，而不自適其適者也。〔註120〕

就「莊子」的立場而言，雖「仁者」、「賢者」、「君子」、「士」、「役人」等類型人物所扮演的社會角色不同，但以「天、人分明之知」理解其「終養天年」之行爲與目的時，所謂「天時」（利用天時）即「知天之所爲」；「有親」即「知人之所爲」，則「利害不通」、「行名失己」、「亡身不眞」意謂眾多類型

〔註119〕此處之「聖人」，若以「單出」的情況進行考慮，其所涉及的議題當於「有眞人而後有眞知」之附論，故不以「單出」視之；若以「換用」的情況進行考慮，則此處之「聖人」並非直接或間接的指向「眞知」之範型意義，故將其與「仁者」、「賢者」、「君子」、「士」、「役人」等人格類型等同視之於附屬的論題之中。相同的例子亦見於〈刻意〉篇：「純素之道，唯神是守；守而勿失，與神爲一；一之精通，合於天倫。野語有之曰：『眾人重利，廉士重名，賢人尚志，聖人貴精。』故素也者，謂其無所與雜也；純也者，謂其不虧其神也。能體純素，謂之眞人。」（王叔岷，頁 560～561）
〔註120〕王叔岷：《莊子校詮・大宗師》，頁 209。

人物因其總總欲求，遭致「以物易其性」的結果。如此，非但自身無有「終養天年」之可能，其欲求所為達成之種種目的，也未能達其效用。以「聖人」為例，假如「聖人」用兵的目的或因「樂通物」而「亡國」，或因「愛人」而「亡國」，那麼「聖人」終究離不開欲望的牽引與滿足，更無有「典範人格」的義蘊，倘若基於「不失人心」與「利澤施乎萬物」的立場，方能通天下萬物而有「終養天年」之可能，唯此處之「聖人」不直接涉及「真知」所表徵的範型意義，又自「用」（「用兵」）的角度觀之，亦未有「負向範型人格」之意義，故此處僅以相對於「真知」之「天、人分明之知」之如何終養天年之問題論之。

順此，「莊子」進而具體地列舉狐不偕、務光、伯夷、叔齊、箕子等人物，意在說明這些類型人物依循著「常人之知」，「役人」而為「人役」、「適人」而為「人適」，以致於「不自適其適」，如此，則「性情」無所適，而「生命」何所安？又如何「終養天年」呢？

三、具體之態度、作為層面

從「天、人分明之知」的觀點來說，本文曾論及「知人之所為」的方法在於「以其知之所知以養其知之所不知」。依此，常人當涉及「如何以知養不知」的具體問題，又此中所涵蘊之種種困境，實為「真人」所表徵之範型意義所欲解消者，「莊子」曰：

> 古之真人，不逆寡，不雄成，不謨士。若然者，過而弗悔，當而不自得也。若然者，登高不慄，入水不濡，入火不熱。是知之能登假於道者也若此。〔註121〕

「寡」與「成」主要是指兩種不同的存在處境，「逆」與「雄」是指「常人」對此處境所採取的態度；「謀士」（謀事）則是從心知的作用上說，則「真人」之「不」意指藉由修養工夫的實踐以解消「逆寡」與「雄成」的焦慮與困境。如是，即無有「以知養不知」的問題，自然也沒有知識所帶來的效用問題，那麼，也就沒有「過」與「不過」、「悔」與「不悔」，「當」與「不當」，甚至「得」與「不得」之判準與效果問題。

尤有進者，回到人與天（自然）之間的互動來看，「登高」而「慄」、「入

〔註121〕王叔岷：《莊子校詮·大宗師》，頁205。

水」而「濡」,「入火」而「熱」,本多爲常人之心理狀態與物理現象;而「眞人」之所以能夠克服者,主要在於能踐行「坐忘」的修養工夫。如是,「墮肢體」、「絀聰明」即能解消「登高」、「入水」、「入火」之行爲與死生之際相衝突而產生的焦慮;「離形去智」的修養能使「眞人」擺落「明於天人之分」以「終養天年」的價值窠臼,故所謂「知之能登假於道」,當爲「眞知」之「知」,亦人與天同於大通之道。

　　事實上,就《莊子》論之,「眞人」之所以能「天與人不相勝」,並非只在認知上消去「如何明於天人之分」與「能不能終養天年」之問題,其所謂「不相勝」當涉及實踐上的意義,以下再以「眞人」之形相進行討論:

> 古之眞人,其狀義而不朋,若不足而不承;與乎其觚而不堅也,張
> 乎其虛而不華也;邴邴乎其似喜乎!崔乎其不得已乎!滀乎進我色
> 也,與乎止我德也;厲乎其似世乎!謷乎其未可制也;連乎其似好
> 閉也,悗乎忘其言也。〔註122〕

順此,「義」指隨物而宜、「不足」指有所缺乏、「觚」象徵卓絕特立、「虛」指虛應事物,在此是指「人之所爲」的態度與行爲;「朋」指「比附」、「承」即「仰賴」、「堅」指固著執守、「華」意即「浮華」,是相應於此的種種影響與問題。嘗試論之,假如「義」、「不足」、「觚」、「虛」成爲認知義上的行爲準則,則「人之所爲」遂難以脫離準則所帶來的制約,如是,仍難以擺脫「以人勝天」的迷思,故「眞人」之有所謂「義而不朋」、「不足而不成」、「觚而不堅」、「虛而不華」,首當於能擺落「知人之所爲」之種種判準對其行爲的指導與制約。

　　進而論之,就「狀義而不朋」而言,「邴邴乎其似喜乎」象徵「眞人」隨應萬物皆自然有開朗和悅之色,「崔乎其不得已乎」說明其「義」乃「隨順」之動而非有目的性的完成;其次,以「若不足而不承」觀之,「滀乎進我色也」說明「眞人」之所以「若不足」,在於能聚集、體察萬物之德性,唯「與乎止我德也」意謂其「不承」乃因「眞人」之蓄聚當順其自然之情性而止;復次,就「與乎其觚而不堅」論之,「厲乎其似世」與「謷乎其未可制」說明「眞人」不僅非「堅」與世離,亦能「觚」而存其性情生命,不以物傷其性;最後,再以「張乎其虛而不華」來看,「連乎其似好閉」顯示「眞人」之「虛」非「虛應故事」以成就其「連」,而是「閉」其覺知欲求,「沖虛」以應萬物,則「悗乎忘其言」又回

〔註122〕王叔岷:《莊子校詮‧大宗師》,頁215。

歸「明於天人之分」的問題，說明「眞人」並不迷戀於「名言」建起的知識世界，則「知天」、「知人」的「名言之分」當爲「眞人」所忘者。

其後，「莊子」又從「天人關係」之具體問題，論述「眞人」之「天與人不相勝」者，其曰：

> 以刑爲體，以禮爲翼，以知爲時，以德爲循。以刑爲體者，綽乎其
> 殺也；以禮爲翼者，所以行於世也；以知爲時者，不得已於事也；
> 以德爲循者，言其與有足者至於丘也；而人眞以爲勤行者也。〔註123〕

據此，假如就「以心捐道」或「以人助天」的角度思考，那麼「刑罰」、「禮教」、「知識」、「德行」等「具體策略、行爲」，無疑可建構出以「人」爲主的秩序世界。反之，在「莊子」對於生命實存之有機整體的關懷中，「刑之於體」、「禮之於翼」、「知之於時」、「德之於循」的內涵，在「天與人不相勝」的思考中，也可能有所轉化。如此，或須從「人」與「天」的面向分別說明以後，再彼此考慮「莊子」之「眞人」所欲轉化者。如下：

（一）就「人」的面向而言，所謂「以刑爲體者」、「以禮爲翼者」，其「體──翼」的意象隱喻了「刑」與「禮」的「主幹──輔翼」關係。就目的而言，或爲人文社會之倫理秩序的建立要則之一。此中，「刑」的建立，本有賴於「名」的確立，亦如同諸子各類「名實」之辨所關心者；又如「禮」之建立，亦根本於「刑名」或「名實」問題之解決。因此，所謂「綽乎其殺也」〔註124〕、「所以行於世」之義，一方面說明「刑罰」之確立，有助於個體生命於社會境遇中的存生送養問題；另一方面則說明「禮」之建構，對於個體生命在社會化過程中的實踐性。其次，「以知爲時」之「知」仍屬於常識經驗之知，而「時」之義，本指「自然天時之演化」，但「以知爲時」則是人在透過經驗之知對於天地萬物的分別認取後，進一步以此爲「察時知變」之要則，故謂之「不得已於事」。然而，凡此種種皆屬於「以心捐道」者。

（二）就「天」的層面而言，「以德爲循」之義，就「有足者至於丘」、「人眞以爲勤行者」的線索觀之，此「德」非僅止於外在的「道德規範」而有其內在顯發之義。但若回歸思想史的線索，則此「德」雖不一定針對政治上的統治者而言，但其精神或如《尚書》所云：「皇天無親，惟德是輔」，〔註125〕其「德」

〔註123〕王叔岷：《莊子校詮・大宗師》，頁215。
〔註124〕郭象注曰：「任治之自殺，故雖殺而寬」，參見郭慶藩：《莊子集釋》，頁239。
〔註125〕〔舊題〕孔安國傳、〔唐〕孔穎達等疏《尚書正義》，卷十七，頁254。

之義涵實上溯並立基於對「天」的解釋中。〔註126〕而此或同於「以人助天」者。

（三）依此，則不論是（一）所代表之「以人勝天」，（二）代表之「以天勝人」的解釋。就「莊子」所謂「好之也一，不好之也一」的觀點而論，其「刑罰」、「禮教」、「知識」、「德行」等作為及其效用，或者從「人」進行思考；又或者從「天」進行思考，皆無有差異；況且在問題的一開始，「莊子」即反思「吾所謂天之非人乎？所謂人之非天乎？」的問題。如是，則「以刑為體」、「以禮為翼」、「以知為時」與「以德為循」，非僅能從與其他諸子學說相即的「具體策略、方法」進行瞭解。就「莊子」觀之，「所以行於世」、「不得已於事」亦指向「生命實存之境遇」問題，那麼在「天與人不相勝」的情況下，「刑之於體」、「禮之於翼」、「知之於時」、「德之於循」亦屬於實存之境，而皆能涵攝於「真人」的「真知」之中。

綜上所論，「莊子」所云「有真人而後有真知」當有下列重要涵義：

（一）不同於常人在認知上「天、人相分明」的方法，「真知」更著重於實踐層面的義涵，則「天與人的關係如何理解」與「天與人之間如何互動」便合流於「天與人如何不相勝」的問題。

（二）相較於常人「天、人相分明」所通向的種種欲望，「真人」當能透過「坐忘」等修養工夫的實踐，消解欲望的牽引。

（三）根據（二），針對於「終其天年而不中道夭」的目的，「能不能終養天年」與「如何終養天年」的問題，自非「有真人而後有真知」所指向的目的。

（四）「真知」義蘊了「知與行的辯證融合」並隨順於自然之化，而歸本於自然天真之性情生命，則「明於天人之分」所涵蘊的種種欲求、指向之種種目的，相應之種種行為，或可消融於「天與人不相勝」的修養實踐中。

第五節　結語──由諸「典範人格」單出之脈絡義涵形成的初步圖像

以下我們將嘗試把諸「典範人格」單出之脈絡義涵，與前文所析論之「莊

〔註126〕關於「德」於思想史的原始意義與「莊子」之「德」的義涵，請參見第四章第三節「『才全』與『德不形』的議題省思──『至人』與『聖人』」。

子」視域下，「周文疲弊」與「百家爭鳴」所蘊涵之諸問題，進行對比與結合。
圖列如下：

圖表 3-2

第一層　「莊子」對「周文疲弊」的理解與反思	
（1）人的自然天眞之性，如何能安適或免於社會價值與環境的過度支配所受到之扭曲、壓迫，甚至傷生害命？	
藐姑射山之「神人」——對於「平治天下」之價值意義的反思	「聖人將遊於物之所不得遯而皆存」——善於「死生」之化
「有眞人而後有眞知」——從「明於天人之分」通向「天人不相勝」	
（2）政治、社會上的領導者，如何消弭過度依賴於信念的組織與知識實際運用的功效以達其目的？	
「至人之用心若鏡」——對於心知之分別作用的反思與消解	
（3）統治者治理國家的過程中，如何跳脫「賞罰」機制的落實以確保具體方針之運作所帶來的功效？人民又如何免於鼎鑊刑具的桎梏？	
「神人」以「不材」而爲「大祥」——對用具性價值取向與生命存全關係的反思	「聖人」之「正而後行」——「天下」之「內治」與「外治」的省思
第二層「莊子」對「『諸子百家』對『周文疲弊』之解決」的理解與反思	

（4）在求「道」的實踐中，如何溶解「道」之諸多「固體狀態」的把握？又如何從「言」通向「道」的過程中，擺落「抽象思辯」所衍生之豐富多樣性的迷戀？			
「照之以天」的「聖人」——對於『是』、『非』本質的反思	「聖人」的「兩行之道」——對於「名實之用」的反思	「聖人」與「滑疑之耀」的通達——對於「知之所成（目的）」的反思	「聖人」之「葆光」——對於「言」與「道」之關係的反思

（5）「道」之「言」、「辯」行爲的實踐中，如何消解種種目的之得失，而隨順於自然之理？	
「聖人」之「生」與「成」——「有道」與「無道」、「有用」與「無用」的抉擇	「聖人」之「道」與「才」——「聞道」與「踐道」之間的體察辨證

　　據此，就諸議題對應的「歷史性」與本身承衍的「連續性」而言，諸「典範人格」所涉及之議題雖有差異，但只就「單出」的情況論之，尙且不能簡化地將某一「典範人格」，個別安放與對應於「二層五段」所蘊涵的某一問題，因爲它們可能：

　　（一）彼此皆跨越了不同層次的議題。

　　（二）即使涉及同一議題，彼此也可能從不同的側面切入。

（三）雖「問題意識」的根源本有其「思考的歷史性」，然而諸「典範人格」所表徵之「具體的共相」，亦呈顯「莊子」對於「普遍性」問題思索的智慧。

假如我們「宏觀地」看，那麼「至人」、「神人」、「聖人」、「真人」皆涉及了「莊子」視域下，「周文疲弊」所涵蘊的問題；至於「百家爭鳴」所涵蘊的問題，則僅由「聖人」所涉及。

再者，就「微觀」的角度探察，以「周文疲弊」的問題脈絡而言：

（一）「真人」主要從傳統「天人關係」思考，由「真知」的問題切入，反思「物」、「我」關係的拉鋸中，「價值」如何安立的意義問題。

（二）「至人」則就「用具性價值」的層面，反思「知」對於種種欲求、目的之效用與意義。

（三）「神人」一方面就「平治天下」的欲求反思其價值意義的問題；另一方面以「不才」為「大祥」，主要在消解「用具」的價值問題，並以生命的存全與否作為「大祥」的判斷，回應「用具之效用」所引發的死生問題。

（四）「聖人」主要從「死生之化」的角度切入，並自「物」、「我」關係反推「生命價值」的意義問題；再者，相較於「賞罰」所表徵之「用具性價值」，「聖人」則以「內治」對顯於「外治」對於生命如鼎鑊刑具般的桎梏。

順此，又以「百家爭鳴」的問題脈絡論之，主要仍以「聖人」所涉之為主，而可分為兩個層面：（一）「言」與「道」之間的把握與實踐（第 4 個問題）；（二）「道」之「言」、「辯」行為的目的（第 5 個問題）。

對應於前者，相較於「儒」、「墨」對於「道」之是非相爭，「聖人」基於「明」的基本關懷，分別自「是非的本質」、「名實之用」、「知之所成」、「言與道的關係」等議題進行反省。

回應於後者，「聖人」之「生」與「成」主要從「境遇感」反思「道用」的目的問題；「聖人」之「道」與「才」則是從「聞道」與「踐道」的問題中，進行實踐上的反省。

第四章　諸「典範人格」間二者換用於相同議題之意義與作用

　　延續上一章的討論，本章主要探討諸「典範人格」間，二者換用於相同脈絡情境者。如前所述，就內篇的情況而言，除〈大宗師〉「有眞人而後有眞知」出現過「聖人」字句，輔助說明外，內篇諸「典範人格」所涉及之議題，如：「利害」議題、「薔人」議題與「才全」與「德不形」議題，皆涉及「至人」與「聖人」二者，則本章主要探討的問題與目的在於：

　　（一）揭顯諸「典範人格」所處之相同脈絡情境中，分別蘊涵了哪些問題？
　　（二）在這些問題中，諸典範人格分別表徵什麼樣的個別意義與作用？
　　（三）理解外、雜篇諸「典範人格」換用的複雜情形，並與內篇進行對比。
　　（四）綜合前三項的成果，展示「典範人格」換用於相同脈絡的意義與作用。

第一節　價值判斷所蘊涵之「利害」省思：「至人」與「聖人」

　　「莊子」所謂之「利害」，主要從較爲廣延的立場，指涉主觀或是相對客觀的價值判斷。而判斷之基準所涉及的對象與內容，可能是私人的，如：《論語》所載：「小人喻於利」〔註1〕之「利」；可能是公共的，如：《墨子》所載：

―――――――――――
〔註1〕　〔魏〕何晏注、〔宋〕邢昺等疏、〔清〕阮元校勘：《論語注疏》，卷四，頁37。

「兼相愛、交相利」〔註2〕之「利」；又或者是道德精神的，如：仁與義；亦或是生理欲求的，如生養與送死。依此，就諸「典範人格」所涉及之「利害」議題反思者，主要出現於〈齊物論〉：（一）「齧缺問乎王倪」與（二）「瞿鵲子問乎長梧子」兩組辯證性的對話裡。前者以「知」與「不知」轉出「至人」的典範性；後者則以「聖人」的典範性引出如何「妙道而行」的問題。

順此，首先將「至人」涉及者引出，並分析如下：

> 齧缺問乎王倪曰：「子知物之所同是乎？」曰：「吾惡乎知之！」「子知子之所不知邪？」曰：「吾惡乎知之！」「然則物無知邪？」曰：「吾惡乎知之！雖然，嘗試言之。庸詎知吾所謂知之非不知邪？庸詎知吾所謂不知之非知邪？且吾嘗試問乎女：民濕寢則腰疾偏死，鰍然乎哉？木處則惴慄恂懼，猿猴然乎哉？三者孰知正處？民食芻豢，麋鹿食薦，蝍蛆甘帶，鴟鴉耆鼠，四者孰知正味？猿猵狙以為雌，麋與鹿交，鰍與魚游。毛嬙、麗姬，人之所美也；魚見之深入，鳥見之高飛，麋鹿見之決驟。四者孰知天下之正色哉？自我觀之，仁義之端，是非之塗，樊然殽亂，吾惡能知其辯！」

> 齧缺曰：「子不知利害，則至人固不知利害乎？」王倪曰：「至人神矣！大澤焚而不能熱，河漢冱而不能寒，疾雷破山飄風振海而不能驚。若然者，乘雲氣，騎日月，而遊乎四海之外。死生無變於己，而況利害之端乎！」〔註3〕

對此，我們可分析其主要的涵義如下：

（一）在「齧缺問乎王倪」的對話中，「庸詎知吾所謂知之非不知邪？庸詎知吾所謂不知之非知邪？」顯示其重點在於「知」與「不知」的問題，內容則是「物之所同是」所蘊涵之「正處」、「正味」、「美」、「正色」以至於「仁義」或「是非」等，涉及「利害」之「價值判斷」。

（二）在「利害」之「知」與「不知」的辯證中，王倪之「四不知」主要是代表「不知而知」的類型，其「知」非以「言」、「辯」，「答問」得以掌握。如是，對於問者仍難「知」其「同」，以至於「利害」之分判；而王倪所云「惡能知其辯」則是「知而不知」的類型，雖知萬物之殊種「利害」關係，卻無法微觀其別而通觀其理。

〔註2〕 〔清〕孫詒讓：《墨子閒詁》，〈兼愛中，第十五〉，卷四，頁103。
〔註3〕 王叔岷：《莊子校詮‧齊物論》，頁79～80。

（三）「子不知利害，則至人固不知利害乎？」點出「至人」在「利害」
這個議題的典範性。那麼「如何超越『知』與『不知』對於『利害』
所蘊涵之價值的理解？」或爲此中之關鍵問題。

（四）回應（三）問題，主要在於「至人」所蘊涵之「身體思維」，在認
知上對於「死生」與「身體」（己）之「利害」關係的解構，因此
「大澤焚」、「河漢沍」、「疾雷破山飄風振海」等自然現象作用，
無法對「至人」產生「熱」、「寒」，「驚」等生理、心理上的影響，
以至於也沒有「利害」上的評價。則「乘雲氣，騎日月，而遊乎
四海之外」所呈顯的理境，主要仍有賴於「死生無變於己」的修
養工夫。

（五）綜上所論，「至人」對於「利害」議題的反思，當在於對生命根本
之「死生」問題的解消，以弱化其餘各種生命價值在認知與分判上，
所蘊涵之相對衝突性的問題。

以下，我們再由「瞿鵲子問乎長梧子」的對話，分析「聖人」所涉及的
另一面相：

> 瞿鵲子問乎長梧子曰：「吾聞諸夫子：聖人不從事於務，不就利，
> 不違害，不喜求，不緣道；無謂有謂，有謂無謂，而遊乎塵垢之
> 外。夫子以爲孟浪之言，而我以爲妙道之行也。吾子以爲奚若？」
> 長梧子曰：「是黃帝之所聽熒也，而丘也何足以知之！且女亦大早
> 計，見卵而求時夜，見彈而求鴞炙。予嘗爲女妄言之，女以妄聽
> 之。奚旁日月，挾宇宙？爲其吻合，置其滑涽，以隸相尊。眾人
> 役役，聖人愚芚，參萬歲而一成純。萬物盡然，而以是相蘊。予
> 惡乎知說生之非惑邪！予惡乎知惡死之非弱喪而不知歸者邪！麗
> 之姬，艾封人之子也。晉國之始得之也，涕泣沾襟；及其至於王
> 所，與王同筐床，食芻豢，而後悔其泣也。予惡乎知夫死者不悔
> 其始之蘄生乎！
>
> 夢飲酒者，旦而哭泣；夢哭泣者，旦而田獵。方其夢也，不知其夢
> 也。夢之中又占其夢焉，覺而後知其夢也。且有大覺而後知此其大
> 夢也。而愚者自以爲覺，竊竊然知之。君乎，牧乎，固哉！丘也與
> 女，皆夢也；予謂女夢，亦夢也。是其言也，其名爲弔詭。萬世之

後而一遇大聖，知其解者，是旦暮遇之也。〔註4〕

據此，其重要義涵如下：

（一）「聖人」在瞿鵲子問乎長梧子的對話中，分別有「夫子所云之『聖人』」與「長梧子所云之『聖人』」的差異，但差別非指其典範性的不同，而是諸人物對「聖人」之典範性在態度上的差異，前者主要用於瞿鵲子之「妙道之行」的標準；後者則用於長梧子對瞿鵲子當下的指點語。

（二）就「利害」議題的反省而言，「夫子所云之『聖人』」由於「不從事於務」所以沒有「近利」與「違害」的區別；「不喜求」、「不緣道」更無特定人間價值的追求，那麼或如「惡能知其辯」之「有謂無謂」，或如「四不知」之「無謂有謂」，「聖人」皆無分判價值之「利害」的需要，進能「遊乎塵垢之外」。唯瞿鵲子所謂「妙道之行」，即將「聖人典範」視爲「妙道」，則「聖人典範」變成了瞿鵲子追逐的價值標準，也成了判斷「利害」的區別。如是，反而與「聖人」之典範性有所扞格。

（三）針對瞿鵲子的情況，長梧子有所謂：「大早計」、「見卵而求時夜」，「見彈而求鴞炙」與「麗之姬」的比喻，意在說明瞿鵲子陷入以「聖人」在實踐上的典範性，以求其利害之道的問題。

（四）再就「長梧子所云之『聖人』」觀之，「予嘗爲女妄言之，女以妄聽之」預示了「得意忘言」的態度與領會，「眾人役役」是指常人勞心敝力於各種「利害」的分判與「價值」的實現；「聖人愚芚，參萬歲而一成純。萬物盡然，而以是相蘊」意謂「聖人」在時空交會的承衍中，並不特立某一價值取向，對萬物之間進行「利害」的分判，而是將萬物視爲有機共融的整體，彼此共生共存。如此，則與長梧子提出的建議：「奚旁日月，挾宇宙？爲其吻合，置其滑涽，以隸相尊。」有所交契。

（五）「莊子」又以「夢」與「覺」的關係反省先前的論述，此中的基本假設與問題，根據文脈的動態，嘗試推衍如下：

1、首先，「夢飲酒者，旦而哭泣；夢哭泣者，旦而田獵」旨在顯示：「夢」與「現實」的內容之間，本共構於生命與自然的大化流行之中。

2、其次，「方其夢也，不知其夢也。夢之中又占其夢焉」則延伸出：「我

〔註4〕 王叔岷：《莊子校詮·齊物論》，頁85～87。

們怎麼知道自己不是存在於幻象而是眞實」的問題。

3、最後，「覺而後知其夢也。且有大覺而後知此其大夢也」則導引出：「要確定非存於『大夢』裡迴盪，只有等到『大覺』的時機」。那麼，長梧子的問題在於：從孔丘所認爲的「孟浪之言」、瞿鵲子的「妙道之行」以至於自己的「妄言」是不是都是在做夢呢？

（六）回應於（五），所謂：「是其言也，其名爲弔詭」則又回到「得意忘言」的警策；「萬世之後而一遇大聖，知其解者，是旦暮遇之也」意在說明體察此道與實踐上的困難，如「萬世之旦暮」般的微渺，但另一方面也寓涵了「聖人」之典範性得以實踐的可能

據此，就「利害」議題而言，「聖人」的提出，無疑具有典範性與其反思性的意義，當「聖人」的「典範性」被以言說的方式展現，而形成一種價值標準時，我們似乎必須再度地反省：對於「聖人典範」的把握，是否過度沉耽於語言界域的把握，而忽視「莊子」所謂「得意忘言」的警策。如是，「聖人典範」，在此脈絡下的二重提出，一方面顯示「典範人格」之典範性，非用以任何「利害」區分的價值標準；二方面也展示「聖人」之典範，無有區分「利害」以爲價值的問題。

第二節　救治事件中的「蕭人」省思：「至人」與「聖人」

在理解與分析「蕭人」的內涵，及其所蘊涵之問題與諸「典範人格」的關係之前，首先須對「蕭人」所涉及的背景事件有一個通體的瞭解。對此，〈人間世〉記載：

> 顏回見仲尼，請行。曰：「奚之？」曰：「將之衛。」曰：「奚爲焉？」曰：「回聞衛君，其年壯，其行獨，輕用其國，而不見其過；輕用民死，死者以國量乎澤若蕉，民其無如矣。回嘗聞之夫子曰：『治國去之，亂國就之，醫門多疾。』願以所聞思其則，庶幾其國有瘳乎！」

〔註5〕

就事件的起因而言，主要源自於顏回見衛君「輕用其國」與「輕用民死」的情況，並依其對孔學的理解判定爲「亂國」的狀態；在目的上，希望能如行

醫一般，「以所聞思其則」診斷其中的問題，並且進行「救治」上的實踐，以期獲致「庶幾其國有瘳乎」的效果。如是，則顏回所欲救治的對象，或須聚焦於做為統治者的衛君身上。以下再看仲尼的答覆：

> 仲尼曰：「譆！若殆往而刑耳！夫道不欲雜，雜則多，多則擾，擾則憂，憂而不救。〔註6〕

對此，仲尼的回答，率先指出了顏回此行的兩個結果：「殆往而刑耳」反映其身、心、性、命的危險，而此亦無異於「以物易其性」的情況；「雜」、「多」、「擾」、「憂」以至於「不救」，說明顏回在判斷這件事件的本身，以至於方法、目的的錯位與錯解，導致效果未彰的情況。然而，此中的原因與道理，又須自「至人——菑人——聖人」的動態脈絡中，仔細探察。其敘述如下：

> 古之至人，先存諸己而後存諸人。所存於己者未定，何暇至於暴人之所行！且若亦知夫德之所蕩而知之所為出乎哉？德蕩乎名，知出乎爭。名也者，相軋也；知者也，爭之器也。二者凶器，非所以盡行也。且德厚信矼，未達人氣，名聞不爭，未達人心。而強以仁義繩墨之言術暴人之前者，是以人惡有其美也，命之曰菑人。菑人者，人必反菑之，若殆為人菑夫！且苟為悅賢而惡不肖，惡用而求有以異？若唯無詔，王公必將乘人而鬪其捷。而目將熒之，而色將平之，口將營之，容將形之，心且成之。是以火救火，以水救水，名之曰益多。順始無窮，若殆以不信厚言，必死於暴人之前矣！且昔者桀殺關龍逢，紂殺王子比干，是皆修其身以下傴拊人之民，以下拂其上者也，故其君因其修以擠之。是好名者也。昔者堯攻叢枝、胥敖，禹攻有扈，國為虛厲，身為刑戮，其用兵不止，其求實無已。是皆求名實者也，而獨不聞之乎？名實者，聖人之所不能勝也，而況若乎！〔註7〕

據此，在這個脈絡中，假如我們分析地看，或可分為：（一）「至人」、（二）「菑人」與（三）「聖人」三個側面。「菑人」主要就「顏回請行」所表徵之「救治行為」進行反思；而「至人」與「聖人」在此脈絡上的意義，並非展示其「典範人格」的典範性，以反思「菑人」所蘊涵之議題，而是針對「顏回請行」這一情境事件之諸環節，作為「中介性質之導引」，意即「典範人

〔註6〕 王叔岷：《莊子校詮‧人間世》，頁119。

〔註7〕 王叔岷：《莊子校詮‧人間世》，頁119。

格」在一個問題脈絡中，並非直接涉及具體實踐上的工夫，而是指向並顯豁隱涵的修養問題。

　　嘗試論之，以「至人」來說，「先存諸己而後存諸人」之「己」與「人」，主要是針對「救治行為」的「行為者」與「被行為者」相對之立場而言。換句話說，「先存諸己」本身並不等同於修養工夫的義涵，〔註8〕但是導引出「救治行為者」之內在修養的問題，故「何暇至於暴人之所行」即點出顏回在「救治」問題上的失焦。

　　順此，焦點當轉回「救治行為者」的身上；原本，「德」與「知」或為「行為者」所具備的基本「內涵」與「工具」。但是用於實際狀況時，「莊子」認為倘若標舉「內涵」之「德」，輔以「工具」之「知」的「救治行為」時，那麼「德盪乎名」、「知出乎爭」將使「救治行為」，受到「德（實）與名符」與「以知相爭」等延伸性問題的干擾，而使目的產生質變。故「莊子」曰：「兩者凶器，非所以盡行也」。

　　其次，就「蕾人」的內涵觀之，所謂：「德厚信矼」、「名聞不爭」是指「救治者」本身能克服「德（實）與名符」與「以知相爭」等問題，但「未達人氣」、「未達人心」，說明了「救治者」未能體察「被救治者」的社會角色與心理狀態，那麼站在「統治者」的立場上，「強以仁義繩墨之言術暴人之前者」即是指「仁義」從良策變成了桎梏。如是，「救人」之「美」反成了「惡」，也就成了「降災之人」。

　　順此，焦點又轉回「被救治者」的立場進行考慮，第一種情形是，衛君本身「悅賢惡不肖」，如是，本無須顏回去救而顯其差異；第二種情形是，除非顏回不言而不為「蕾人」，否則「王公必將乘人而鬪其捷」。如是，以「救治行為」的目的來說，不但是「以水救水」、「以火救火」無法達其目的，顏回之生理、心理狀態，如：「目」、「色」、「口」、「容」、「心」等，也將礙於情勢而受到扭曲，產生「熒」、「平」「營」，「形」，成」等態度，甚至「死於暴

〔註8〕　若從「莊子」思想的整體性觀之，此處「古之至人，先存諸己而後存諸人」
　　　　　與「至人無己」（〈逍遙遊〉），在字面上的意義顯然是衝突的，故兩個「己」
　　　　　的義涵應不等同，若將「存諸己」解作「內省」之工夫，則與「無己」相
　　　　　扞格，然脈絡中，真正的修養工夫仍在於「心齋」的實踐，如此，本文以
　　　　　為若以「無己」為「逍遙」境界的圓滿體現，那麼「先存諸己而後存諸人」
　　　　　應指「救治」問題中，「己」之修養，在範疇上的優先意義，而非修養工夫
　　　　　本身。

人之前」，則顏回救人之舉，反而使得身心性命無法得到安頓。

復次，從「聖人」所導引的問題論之，所謂「名實」問題，主要透過「救治者」在「名」、「實」上的欲求，反省「救治行為」的目的本身。以「莊子」提舉之「不能勝」的例子來說，主要有兩個方面：（一）「名」的問題主要從關龍逢、比干等忠臣所表徵的「菑人」導出；（二）「實」的問題則由堯、禹等聖王之「刑戮」、「用兵」事件引出。依此，倘若回到「以物易其性」的觀點來看，即便二者本欲以德化治天下，但忠臣惑於「名」、聖王惑於「實」，使得「救治」的本質與目的受到混淆，而造成自己或他人殘生、損命情形之可能。如此，更談不上「全生」與「保身」等目的，則「莊子」所謂：「菑人者，人必反菑之」，即與「與物相刃相靡」〔註9〕般，為彼此之絕佳註解。

綜上所論，以「救治行為」所蘊涵之問題而言，「至人」與「聖人」作為「中介性質之導引」的分別義涵如下：

（一）「至人」主要導引出「救治者」之內在修養問題，在「救治行為」中的優先意義。

（二）「聖人」則自「救治目的」進行反思，舉示「救治者」在「名」、「實」上的欲求，對於「救治行為」在目的上的混淆與精神上的悖反。

（三）此脈絡之「至人」與「聖人」雖未標舉其「典範意義」，但我們稍加留意《莊子》文本，不難發現二者在導引問題的同時，隱然指向「至人無己」、「聖人無名」的典範義蘊，唯此中究理，尚待「並列連用」一章進行更深入的探問。

以下，「莊子」又藉由「孔子／顏回」之間的討論，探討「救治行為」與「至人」與「聖人」導引出的問題。依此，在「旋律」上或可分別「孔子」與「顏回」兩支，一開始由「顏回」主奏，其後則轉以「孔子」為主，嘗試分析如下：

> 顏回曰：「端而虛，勉而一，則可乎？」曰：「惡！惡可！夫以陽為
> 充孔揚，采色不定，常人之所不違，因案人之所感，以求容與其心。
> 名之曰日漸之德不成，而況大德乎！將執而不化，外合而內不訾，
> 其庸詎可乎！」「然則我內直而外曲，成而上比。內直者，與天為徒。
> 與天為徒者，知天子之與己皆天之所子，而獨以己言蘄乎而人善之，
> 蘄乎而人不善之邪？若然者，人謂之童子，是之謂與天為徒。外曲

〔註9〕 王叔岷：《莊子校詮‧齊物論》，頁53。

者，與人之爲徒也。擎跽曲拳，人臣之禮也，人皆爲之，吾敢不爲邪！爲人之所爲者，人亦無疵焉，是之謂與人爲徒。成而上比者，與古爲徒。其言雖教讁之實也。古之有也，非吾有也。若然者，雖直而不病，是之謂與古爲徒。若是則可乎？」仲尼曰：「惡！惡可！大多政，法而不諜，雖固亦無罪。雖然，止是耳矣，夫胡可以及化！猶師心者也。」〔註10〕

就「顏回」爲主的「旋律」，其要如下：

（一）就「至人」與「聖人」所導引出的問題而言，顏回提出了兩種策略：1、「端而虛，勉而一」；2、「內直而外曲，成而上比」

（二）針對（一），「虛」與「一」或如「致虛極」〔註11〕之「虛」、「一成純」〔註12〕之「一」，主要皆涉及「救治者」內在的修養工夫，唯「端」與「勉」或淪爲形式上的「執守，並非內在修養之「無執」；如此，在衛君「以陽爲充孔揚，采色不定」的情況下，「虛」與「一」反迎合於衛君之威。更何況將以「大德」感之，那麼衛君之「外合而內不訾」還算是形式上的虛應，故此法不爲孔子所取。

（三）關於（二），顏回企圖從自然、人文與歷史傳統三個層面提出解決：

1、「內直」→「與天爲徒」，主要以「天」爲依歸，即「救治者」將「領導者」同視於自然造化之中。順此，並沒有以「己言」求於「善」與「不善」的問題。換句話說，「與天爲徒」意謂了「救治之言」能依循自然，如童子般之純眞而無邪妄。

2、「外曲」→「與人爲徒」，在過程中，無論是「擎」（拱手）、「跽」（跪足）、「曲」（鞠躬）、「拳」（屈膝）〔註13〕等社會行爲，皆依人文禮教行之，故顏回認爲可免於人之「疵」（訾毀）。

3、「成而上比」→「與古爲徒」，在目的上，「救治者」之言，雖行「教讁」之實。在內容上，卻非「救治者」主觀師心之用，而是繼承「古之有」的歷史傳統，轉化地應用於當下。如是，雖「直言諷諫」，顏回亦認爲能免於人之所病。

〔註10〕王叔岷：《莊子校詮・人間世》，頁 126～127。

〔註11〕朱謙之：《老子校釋・道經・第十六章》，頁 64。

〔註12〕王叔岷：《莊子校詮・齊物論》，頁 87。

〔註13〕王叔岷曰：「案擎，拱手。跽，跪足。曲，鞠躬。拳，曲膝。」參見氏著：《莊子校詮・人間世》，頁 128～129。

（四）針對（二），就孔子的批評而言，「大多政，法而不諜」意謂方法策略過多，卻無法體察人意。〔註 14〕嘗試論之，顏回所謂「內直而外曲，成而上比」，在目標上，多著墨於如何避免於「刑」、「死於暴人之前」、「因其修而擠之」以至於個人「名」、「實」之欲求。如此，焦點雖回到了「己」，思維上，卻陷於孔子先前警示的情境中，仍難逃於「師心」之用，而無法回到「被救治者」與「救治目的」進行考量。如是，則顏回固可免於罪罰，但對於「救治」之「化」，卻依舊遙遠。

據此，「顏回」仍無法就「古之至人，先存諸己而後存諸人」與「名實者，聖人之所不能勝」所導引出的問題，提出實踐的可能，並轉而向仲尼請益，故以下又轉自仲尼之主軸進一步討論：

> 顏回曰：「吾無以進矣，敢問其方。」仲尼曰：「齋，吾將語若！有而爲之，其易邪？易之者，暤天不宜。」顏回曰：「回之家貧，唯不飲酒、不茹葷者數月矣。如此，則可以爲齋乎？」曰：「是祭祀之齋，非心齋也。」回曰：「敢問心齋。」仲尼曰：「若一志，無聽之以耳而聽之以心，無聽之以心而聽之以氣！聽止於耳，心止於符。氣也者，虛而待物者也。唯道集虛。虛者，心齋也。」

首先，就修養的層面，相較於「祭祀之齋」，仲尼提出「心齋」的修養工夫；「有（心）而爲之，〔註 15〕其易邪？」警示顏回，「齋戒」非指認知義的方法、策略，亦非爲形式上的行爲修持，倘若懷抱著特定的目的而爲，是不容易達成的。相反地，單以「人之易行」爲考慮的方法，那麼「爲人使易以僞」，〔註 16〕往往未合同於自然之道，則「爲天使難以僞」〔註 17〕而去其虛妄，故謂之：「易之者，暤天不宜」。〔註 18〕

其次，我們可將「心齋」的內容，圖示說明之：

〔註 14〕 宣穎曰：「正人之法太多，而不能審覰人意。」引自錢穆：《莊子纂箋・人間世》，頁 31。

〔註 15〕 王叔岷曰：「陳碧虛〈闕誤〉引張君房本『有』下有『心』字，郭注云云，郭本蓋原作『有心而爲之』」，詳見氏著：《莊子校詮・人間世》，頁 131。

〔註 16〕 王叔岷：《莊子校詮・人間世》，頁 134。

〔註 17〕 同註 328。

〔註 18〕 《經典釋文》：「向云：『暤天，自然也』」，詳見郭慶藩：《莊子集釋・人間世》，頁 146。

圖表 4-1

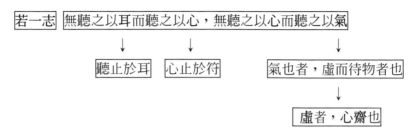

據此，輔以原先「救治問題」的觀點來看，「若一志」或曰「一汝志心」，〔註19〕即前論〈大宗師〉所云：「其好之也一，不好之也一」。如是，在「一」的觀照下，則無有「需要被救」與「不需要被救」的分別，自然也無「救」與「不救」的差異。

從具體的內容而言，關於「聽」，《說文》曰：「聆也」，〔註20〕《甲骨文字典》曰：「耳得感之者為聲，以耳感之音聲則為聽」。〔註21〕如此，「聽」的本義即「聆聽」，亦與「目視」、「鼻嗅」等，同為身體官能活動之一。然而，若從身體與感官對象的關係性思考，則又有所區別。例如《說文解字詁林》引張文同《舒藝室隨筆》曰：「目在此而光照於彼謂之視，故凡出於我者皆謂之視；聲發於彼而入我耳謂之聽，故凡出於彼者皆謂之聽」。〔註22〕依此，則「聽」於此又可延伸為「通物」而「融我」之活動義涵。繼此，「聽止於耳」、「心止於符」分別說明「耳」、「心」之感官知覺能力的限制，則「無聽之以耳而聽之以心，無聽之以心而聽之以氣」在歷程上，徵顯由「感官之耳」到「認知之心」的層層擺落，以至於「虛而待物」（氣）的生命涵養。如此「心齋」之修養工夫，非僅止於「心」之層面，同時也涉及了「身」之層面而互相涵攝，亦如「耳目內通，而外於心知」〔註23〕之意。依此，「心齋」〔註24〕

〔註19〕王叔岷曰：「成玄英〈疏〉：『志一汝心，無復異端。』案正文汝下，疑挩正文，〈知北遊〉篇：『若正汝形，一汝視。』與此文例同。成〈疏〉：『志一汝心』文不成義，蓋『一汝志心』之誤錯。所據正文，一下蓋本有汝字。」詳見氏著：《莊子校詮・人間世》，頁131。

〔註20〕丁福保編纂：《說文解字詁林》（台北：台灣商務印書館，1970年1月台三版），頁5353。

〔註21〕徐中舒主編：《甲骨文大字典》（成都：四川辭書出版社，1995年5月），頁1288。

〔註22〕此文原為張文同向段玉裁之請益而得，參見丁福保編纂：《說文解字詁林》，頁5354。

〔註23〕王叔岷：《莊子校詮・人間世》，頁134。

之「虛」實自內在生命的修養以通向物我共融合存的工夫意義。

順此，關於「虛」之意義的領會，顏回與仲尼又進一步討論如下：

> 顏回曰：「回之未始得使，實有回也；得使之也，未始有回也；可謂虛乎？」夫子曰：「盡矣。吾語若！若能入遊其樊而無感其名，入則鳴，不入則止。無門無毒，一宅而寓於不得已，則幾矣。

依此，顏回所謂「實有回」到「未始有回」，顯示其對於「薔人」之自我問題的反省，並回應了前述「先存諸己而後存諸人」的課題；孔子的應答，則從「名」、「實」問題切入，「入遊其樊而無感其名」中，無論是憚於衛君之名，抑或「名」之欲求，主要皆站在「救治者」於「名相」之惑的解消上展開。那麼，「入則鳴，不入則止」顯示「安時處順」〔註25〕的深刻意義，同樣也在於「實」之欲求的解消。如是，原本作為「薔人」的「救治者」，亦無「薔人者，人必反薔之」的問題，則「無門無毒，一宅而寓於不得已，則幾矣。」或如王叔岷注云：「心齋之妙，通達無礙，由純一之心以契會不得不然之理，而其理不竭。」〔註26〕

綜上所論，「救治事件」所蘊涵之相關問題，在意義的脈絡中，有賴於作為「中介性質之導引」的「至人」與「聖人」，顯示其內在修養之相關問題。

〔註24〕 「心齋」是「莊子」思想中極為重要的觀念，除了本文從文脈之「薔人」議題的詮釋，前輩學者多有從不同的思想史線索進行討論者，如王邦雄兼採牟宗三、唐君毅、徐復觀與本身的理解認為：「《莊子》「心齋」工夫的聽之以氣，即從《老子》的專氣說而來，『氣也者，虛而待物者也』，也就是心不使氣的工夫修養，工夫在心上做，所以說『無聽之以心』。這時「虛而待物」有如『沖氣以為和』，『虛』統貫了存在之理與形構之理，虛而後能和，『待物』也就等同『生物』了，而這是道家式縱貫橫講的生成原理。」詳見氏著：〈《莊子》心齋「氣」觀念的詮釋問題〉，《淡江中文學報》第十四期（2006年6月），頁21～22；又如楊儒賓從「巫文化」為「莊子」思想根源之一的觀點，詮釋其工夫論由「齋」轉向「心齋」的過程，即「由巫入道」的過程，而認為：「心齋的內容基本由三個步驟組成，（一）心意集中為一（一若志）；（二）由耳而心而氣的深入過程；（三）虛通的境地。三個步驟貫通為一，虛通之境實即形體完全為心氣滲化、全身感通無礙之境。」詳見氏著：〈莊子「由巫入道」的開展〉，《中正大學中文學術年刊》總第十一期（2008年6月），頁99。

〔註25〕 「安時處順」主要見於〈養生主〉與〈大宗師〉所謂：「安時而處順」，其間所涉及的議題或許不同；但就工夫論的層面而言，皆有安於世間萬象之變，而隨順自然大化的修養涵義。引文參見王叔岷：《莊子校詮·養生主／大宗師》，頁111、241。

〔註26〕 此處將王叔岷對於「無門無毒，一宅而寓於不得已」與「則幾矣」的注解合併為一句，詳見氏著：《莊子校詮·人間世》，頁131。

第三節　「才全」與「德不形」的議題省思：「至人」與「聖人」

「德」之義涵在上古思想史裡，本內蘊於「天人關係」的解釋中，宗教性的「天命」與統治者內涵之「德」的關係性，例如：《尚書・周書・蔡仲之命》所謂：「皇天無親，惟德是輔」，﹝註27﹞又如：《尚書・周書・康誥》：「別求聞由古先哲王，用康保民，弘于天若。德裕乃身，不廢在王命」；﹝註28﹞前者主要說明「天命」唯「有德者」所受，後者則強調「德」內聚於「身」對於「保民」、「弘天」的重要性。如是，「德」之觀念，本與「天命──王權」的統治結構密不可分，﹝註29﹞然而隨者時序的更替，「德」之內涵亦受到政治、社會、學術等多面相的改變而有所轉化。﹝註30﹞而這個改變，也同樣地發生在先秦諸子對於「德」之義涵的不同轉化中。

翻開《莊子》，不難發現〈德充符〉裡的對話，充滿了「德」之問題的探索，關於「德充符」，郭象注曰：「德充於內，物應於外，外內玄合，信若符命，而遺其形骸也。」，﹝註31﹞則「德」與「物」之間如何玄合而信？「德」何以「無形」而應於「物」？皆為此中探討的重點。

值得注意的是：「莊子」此處所論「德」者之形相，往往以「兀者」作為象徵，那麼諸「典範人格」在此又表徵了什麼樣的義蘊？倘若從表層的文意觀之，仍存在了相當程度的複雜，例如：孔子稱王駘為「聖人」﹝註32﹞、无

﹝註27﹞﹝舊題﹞孔安國傳、﹝唐﹞孔穎達等疏《尚書正義》，卷十七，頁254。

﹝註28﹞﹝舊題﹞孔安國傳、﹝唐﹞孔穎達等疏《尚書正義》，卷十四，頁201。

﹝註29﹞關於「天命──王權」的統治結構，張光直在討論「商、周宗教的轉變」問題時，曾說到：「商人的上帝觀念及上帝為至尊之神，為西周所承繼下來。周的子孫與上帝接近，得其寵眷，其子孫受其天命為人王。姬姓始祖誕生神話取代子性始祖誕生神話為王權的典章。另一方面上帝與子姓始祖的合一性被切斷，神的世界與祖先的世界成為兩個不同的世界。周人祖先的世界為人間的主宰，一如上帝為神間之主宰。二個世界的關係不是絕對不變的，故天命不是恆常不變的。有德者亦有天命有王權。自然照周人的說法，周人是有德的，是受有天命的。」詳見氏著：《中國青銅時代》（台北：聯經出版事業公司，1983年4月初版），頁349。

﹝註30﹞觀於「德」之義涵的開展，可參見謝大寧：〈儒學的基源問題──德的哲學史意涵〉，《鵝湖學志》第16期（1996年6月），頁1～51；林啓屏：〈從古典到傳統：古典「德」義及其發展〉，《從古典到正典：中國古代儒學意識之形成》（台北：台大出版中心，2007年7月），頁34～75。

﹝註31﹞引自郭慶藩：《莊子集釋・德充符》，頁187。

﹝註32﹞參見王叔岷：《莊子校詮・德充符》，頁171。

趾以孔丘非「至人」，〔註33〕哀公以孔丘之言爲「至人之言」。〔註34〕如是，本論文自須回到「才全」、「德不形」所涉及的各個脈絡，解析諸「典範人格」的分別義蘊，試以理解「至人」與「聖人」之二重提出而涉於其間的問題。

依此，假如我們從「莊子」對於「典範人格之使用」的立場進行考慮，那麼諸「典範人格」在此脈絡中，實具有二種取向如下：

（一）作爲「對各類人物之評價」的「典範人格」。此類又可區分爲：

1、純粹作爲「對各類人物之評價性符號」者。

2、兼具「中介性質之導引」者。

（二）作爲「典範人格」之基本義蘊者。

以下將進一步分析各取向所蘊涵之不同問題：

一、純粹作為「對各類人物之評價性符號」的「典範人格」

所謂「對各類人物之評價性符號」，意指「典範人格」之「名相」在同一問題脈絡中，作爲對各類人物的價值性評判，而其「標準」或以人物本身的性格顯出；或間接涉及實踐上的典範意義。在此，主要有「常季問於仲尼」與「魯哀公問於孔子」兩段對話，由於後者間接揭顯了「才全」與「德不形」之意義，首先探討如下：

1、「魯哀公問於孔子」段

本段涉及「典範人格」者，主要在魯哀公與孔子對話之末，魯哀公以孔子的闡示爲「至人之言」，〈德充符〉紀載：

> 哀公異日以告閔子曰：「始也吾以南面而君天下，執民之紀而憂其死，吾自以爲至通矣。今吾聞 至人 之言，恐吾無其實，輕用吾身而亡其國。吾與孔丘，非君臣也，德友而已矣。」〔註35〕

假如回到「周文疲弊」的歷史考慮，魯哀公之「南面而君天下」、「執民之際而憂其死」、「以爲至通矣」與「輕用吾身而亡其國」亦如「莊子」所謂「以物易其性」、「好知而亂天下」的現象。在這些行爲中，往往自「統治者立場」之欲求與目的所引發，導致殘生、傷性與亡國等可能性問題。然而，魯哀公畢竟還是對自我作出了反省，那麼從「孔子」的立場而言，哀公稱其言爲「至人之言」並與之爲「德友」，顯見「孔子」的闡示免於「薔人」的可

〔註33〕參見王叔岷：《莊子校詮・德充符》，頁 184。

〔註34〕參見王叔岷：《莊子校詮・德充符》，頁 190。

〔註35〕王叔岷：《莊子校詮・德充符》，頁 190～191。

能性問題，〔註36〕則「至人之言」的評判，即從孔子的體察，也就是「才全」
與「德不形」的闡示中，肯認其「至人」般的境界。依此，我們當回到兩者
的對話內容裡，探討其中的問題：

> 魯哀公問於仲尼曰：「衛有惡人焉，曰哀駘它。丈夫與之處者，思而
> 不能去也。婦人見之，請於父母曰『與為人妻，寧為夫子妾』者，
> 十數而未止也。未嘗有聞其唱者也，常和人而已矣。無君人之位以
> 濟乎人之死，無聚祿以望人之腹。又以惡駭天下，和而不唱，知不
> 出乎四域，且而雌雄合乎前。是必有異乎人者也。寡人召而觀之，
> 果以惡駭天下。與寡人處，不至以月數，而寡人有意乎其為人也；
> 不至乎期年，而寡人信之。國無宰，寡人傳國焉。悶然而後應，氾
> 然而若辭。寡人醜乎，卒授之國。無幾何也，去寡人而行，寡人卹
> 焉若有亡也，若無與樂是國也。是何人者也？」仲尼曰：「丘也嘗使
> 於楚矣，適見豚子食於其死母者，少焉眴若皆棄之而走。不見己焉
> 爾，不得類焉爾。所愛其母者，非愛其形也，愛使其形者也。戰而
> 死者，其人之葬也不以翣資；刖者之屨，無為愛之；皆無其本矣。
> 為天子之諸御，不爪翦；不穿耳；取妻者止於外，不得復使。形全
> 猶足以為爾，而況全德之人乎！今哀駘它未言而信，無功而親，使
> 人授己國，唯恐其不受也，是必才全而德不形者也。」〔註37〕

據此，可就哀駘它與眾人間的「社會互動」（social interaction），〔註38〕
釐析出下列幾項重要義涵：

（一）從「社會角色」（social role）或是「社會地位」（social stutes）〔註39〕
的角度論之，所謂「未嘗有聞其唱者也」、「無君人之位以濟乎人之
死」、「無聚祿以望人之腹」，顯見哀駘它與大眾之間的互動，並不存
在任何形式之權利、義務或是利害關係。則「和而不唱」、「悶然而後

〔註36〕可參見上一節「救治事件中的蕾人省思：『至人』與『聖人』」的討論。

〔註37〕王叔岷：《莊子校詮·德充符》，頁 187～190。

〔註38〕「社會互動」（social interaction）主要指兩個人或兩個人以上的人之間的來
往、接觸與溝通。參見蔡文輝、李紹嶸編著：《社會學概論》（台北：三民書
局，2006 年 9 月二版），頁 79。

〔註39〕「社會地位」（social stutes）主要是指個人在社會裡所佔據的位置；「社會角
色」（social role）是指個人在所佔據的社會位置上應表現的行為。兩者亦為一
體兩面，「社會地位」指的是互動中個人權力，「社會角色」則是互動中的義
務。參見蔡文輝、李紹嶸編著：《社會學概論》頁 82～83。

應」、「氾然而若辭」、「去寡人而行」等態度，亦可知哀駘它並不以各種形式之權力支配爲其事業。

（二）就「社會價值」（social value）的角度反思，在「孔子」的應答裡，主要針對哀駘它在「形體之惡」與「社會地位」上的衝突感進行說明。依「孔子」，一方面以「豚子食於其死之母」、「戰而死者之葬」、「刖者之屨」喻徵內在精神德性重於外在形體的重要性；另一方面，又以「爲天子之諸御」者爲例，說明人們對於外在形體的重視，更何況是內具全德之人？如是，哀駘它雖有「惡駭天下」之形體，卻能「未言而信」、「無功而親」、「使人授己國」自不難理解。

（三）綜上所論，針對魯哀公的疑問，透過價值上的反思，分析其中的「社會互動」，「孔子」認爲哀駘它爲「才全德不形」者，如此，「才全德不形」的內在義蘊，即成爲下一步討論的重點。

依此，其下文曰：

> 哀公曰：「何謂才全？」仲尼曰：「死生存亡，窮達貧富，賢與不肖毀譽，飢渴寒暑，是事之變，命之行也；日夜相代乎前，而知不能規乎其始者也。故不足以滑和，不可入於靈府。使之和豫，通而不失於兌；使日夜无郤而與物爲春，是接而生時於心者也。是之謂才全。」「何爲德不形？」曰：「平者，水停之盛也。其可以爲法也，內保之而外不蕩也。德者，成和之脩也。德不形者，物不能離也。」〔註40〕

關於「才全」與「德不形」，擬先分別論之，再合併觀之。就「才全」的背景內容而言，主要蘊涵兩項理據：

（一）舉凡「死生問題」、「窮達問題」、「名譽問題」到「生理問題」等事件，或有人的意志抉擇參與其中，但「莊子」基本上認爲，事件的變化，亦本於天命之流行。

（二）承上，即便知此，在時間的流逝中，人們仍難以經驗之知，規約自然變化的奧藏。如此，在自然的流行變化中，諸事件之問題，並不足以擾亂「遊心於德之和」〔註41〕者的修養體證，也無可在貯存於

〔註40〕 王叔岷：《莊子校詮‧德充符》，頁 190。
〔註41〕 筆者以爲「不足以滑和」應從修養者的角度觀之，「和」或如「遊心於德之和」（王叔岷：《莊子‧德充符》，頁 174）的修養體證，則「不足以滑和」本有其「德之和」的工夫，「滑」（成《疏》：亂也；郭慶藩，頁 213）則無足論矣。

「精神之宅」〔註42〕中。

依此，「莊子」又將「才全」的內涵聚集在「靈府」（心）的修養工夫，則「才」或指心性之自然原質。此中，「和豫」相對於「滑和」，是指內心的平和逸豫，則「使之和豫，通而不失於兌」，意謂在內心的修養過程中，雖通於萬物之性，卻不失情實。〔註43〕接著，「使日夜无郤而與物為春」意指消融「時間」在認知上的差異與影響，與萬物推移共成，〔註44〕則「接而生時於心」即合順自然四時的變化於心。

其次，就「德不形」的內容觀之，「莊子」以「水平」之「停而盛」的意象喻徵「德」的內聚之盛，則「內保之而外不蕩也」即「保德」也就是「成和之脩」的重要法門。如此，「德不形」即「德保於內而不形諸於外」，那麼「物」、「我」合流於自然造化之際，自「不能離」，亦無「離」的問題。

據此，回到「德」與「物」之間如何玄合而信，與「德」何以「無形」而應於「物」的問題。在工夫上，「才全」著重於「心」的修養意涵；「德不形」則回到目的上，揭顯「物」、「我」相通的意義。

綜上所論，「至人」在此脈絡中，並未直接涉及「才全」、「德不形」的主要意義，而是「對各類人物的評價性符號」。然而「至人」作為評判「孔子」的標準，卻是依據「孔子」對於「才全」、「德不形」的體知而來。那麼，我們或許可以說：此處之「至人」雖作為「各類人物之評價性符號」，但也間接涉及了「才全德不形」的修養義涵。

2、「常季問於仲尼」段

相較於前論以「至人」為「對各類人物之評價性符號」，常季與仲尼的對話中，也有以「聖人」作為「對各類人物之評價性符號」者，〈德充符〉記載：

> 魯有兀者王駘，從之遊者與仲尼相若。常季問於仲尼曰：「王駘，兀者也，從之遊者與夫子中分魯。立不教，坐不議，虛而往，實而歸。固有不言之教，無形而心成者邪？是何人也？」仲尼曰：「夫子，聖人也，丘也直後而未往耳。丘將以為師，而況不若丘者乎！奚假魯

〔註42〕郭象《注》曰：「靈府者，精神之宅也」，詳見郭慶藩：《莊子集釋·德充符》，頁213。

〔註43〕王叔岷曰：「兌當為充，充猶實也。」其理據詳見氏著：《莊子校詮·德充符》，頁194～195。

〔註44〕章炳麟曰：「《說文》：『春，推也。與物為春，與物推移也』」；錢穆曰：「春有生意。當連下句看」詳見錢穆：《莊子纂箋·德充符》，頁45。

國！丘將引天下而與從之。」〔註45〕

問題的導因主要源自於常季觀察王駘之「立不教」、「坐不議」等行為，卻能使從學之人「虛而往，實而歸」的衝突感。甚至仲尼也給於「聖人」的高度評價而心嚮往之。如此，王駘所代表的「兀者」在此被判定為「聖人」，那麼「兀者」的內涵，在「莊子」的眼中，理應有其「聖人性」的價值意義。順此，可進一步從兩者的答問中繼續探索：

> 常季曰：「彼兀者也，而王先生，其與庸亦遠矣。若然者，其用心也獨若之何？」仲尼曰：「死生亦大矣，而不得與之變，雖天地覆墜，亦將不與之遺。審乎無假而不與物遷，命物之化而守其宗也。」常季曰：「何謂也？」仲尼曰：「自其異者視之，肝膽楚越也；自其同者視之，萬物皆一也。夫若然者，且不知耳目之所宜，而遊心乎德之和；物視其所一而不見其所喪，視喪其足猶遺土也。」常季曰：「彼為己，以其知得其心，以其心得其常心，物何為最之哉？」仲尼曰：「人莫鑑於流水而鑑於止水，唯止能止眾止。受命於地，唯松柏獨也正，在冬夏青青；受命於天，唯堯、舜獨也正，在萬物之首。幸能正生，以正眾生。夫保始之徵，不懼之實。勇士一人，雄入於九軍。將求名而能自要者，而猶若是，而況官天地，府萬物，直寓六骸，象耳目，一知之所知，而心未嘗死者乎！彼且擇日而登假，人則從是也。彼且何肯以物為事乎！」〔註46〕

依此，主要在於兩個連續問題的探索：（一）兀者王駘如何「用心」？（二）何以王駘自我之「常心」，卻能使萬物願意聚集、親近於身旁？

針對（一），倘若從「大用」，或牟宗三「作用地保存」〔註47〕之觀點來談，所謂「死生亦大矣，而不得與之變」與「雖天地覆墜，亦將不與之遺」，本身即蘊涵人力無法強行更改之「死生之變」與「天地覆墜」等自然造化之意。如此，「審乎無假而不與物遷」意謂「心」能夠明辨真妄，而不受物象遷

〔註45〕王叔岷：《莊子校詮‧德充符》，頁 171。

〔註46〕王叔岷：《莊子校詮‧德充符》，頁 171～174。

〔註47〕關於「作用的保存」，牟宗三云：「在道家實有層和作用層沒有分別，此一義函著另一義，就是道家只有『如何』（how）的問題。」又云：「道家既有 how 的問題，最後那個 what 的問題也可以保住。既然要如何來體現它，這不是就保住了嗎？這種保住，就是『作用地保存』」，詳見牟宗三：《中國哲學十九講》，〈第七講：「道之作用的表象」〉（收錄於《牟宗三先生全集》第 29 冊），頁 125～154。依此，王駘之「用心」亦如「不用之用」、「無用之用」之「大用」。

移；則「命物之化」之「命」，或可解爲「安命」，〔註48〕意即「安於自然物化之命」，那麼「守其宗」即持存此中「大用」之道。

再者，反思其理，就「心」的修養層面思考，又可從「同」與「異」的思維向度切入。依「莊子」，「異」者辨分萬物，「同」者齊平萬物，倘若兀者王駘「異」以辨分萬物，區分物我，自難免於價值之分判與取捨，則遑論於個體性情間的諒解，甚至於「通天下之一氣」的可能也無，故王駘對於心的修養，主要在於「同」的觀照。如此，不僅解消了「耳目之宜」的牽引問題，王駘本身的「身體觀」亦「視喪其足猶遺土」。如此，通體萬物之情，以合同於自然造化的流行之中，即「遊心乎德之和」的主要修養義涵。

針對（二），「仲尼」首先從「水」之「流」與「止」的兩種樣態，在對於人之不同的影響中，以「止」喻徵自我修養。亦如：由「知」→「心」→「常心」之過程的重要性，而「常心」即在修養工夫的過程中，不與物遷之「心」。以下，「莊子」並例舉「松柏」、「堯舜」、「勇士」等人物事象顯發的作用，輔證「唯止能止衆止」的道理。

順此，「仲尼」又從「目的」上反思，求「名」之勇士、「正生」之堯舜雖有其修養，但修養的原因往往指向了各種欲求與目的。反之，兀者之修養，本非「以物爲事」之目的，而「天地」、「萬物」之間，皆爲「一知之所知」的範圍，亦如上述之「同」、「止」、「常心」的工夫作用。如此，人之所從於兀者，正因兀者王駘「擇日而登假」的過程裡，以其「常心」，即上論「審乎無假不與物遷」之心。進而能夠同體萬物，使萬物亦止於其止之中。

如上所論，兀者王駘實具備了「典範人格」的特質，而「莊子」藉「仲尼」稱之爲「聖人」，正顯其身形不備，而德充於內，玄合於外的道理。則此處之「聖人」用意在於：作爲「兀者」喻徵「才全德不形」的評價性符號；另一方面，我們似乎也可以說：「莊子」在此以「才全德不形」充實了「聖人」的典範性，並同時回應了「以物易其性」的問題。

二、兼具「對各類人物之評價性符號」與「中介性質之導引」的「典範人格」

〔註48〕此處所謂「安命」，源自於：1、〈人間世〉：「知其不可奈何而安知若命，德之至也」；2、〈德充符〉：「知不可奈何，而安知若命，唯有德者能之」，準此，「安命」一方面代表「有德者」的修養工夫；另一方面也表徵其「至德」之境界。詳見王叔岷：《莊子校詮・人間世／德充符》，頁138、181。

　　相較於純粹的「價值評判標準之符號」，「莊子」又有同時將「典範人格」兼具「中介性質之導引」的用法，主要見於「叔山無趾，踵見仲尼」的對話中。〈德充符〉記載如下：

> 魯有兀者叔山無趾，踵見仲尼。仲尼曰：「子不謹，前既犯患若是矣。雖今來，何及矣！」無趾曰：「吾唯不知務而輕用吾身，吾是以亡足。今吾來也，猶有尊足者存，吾是以務全之也。夫天無不覆，地無不載，吾以夫子爲天地，安知夫子之猶若是也！」孔子曰：「丘則陋矣。夫子胡不入乎，請講以所聞！」無趾出。孔子曰：「弟子勉之！夫無趾，兀者也。猶務學以復補前行之惡，而況全德之人乎！」無趾語老聃曰：「孔丘之於 至人 ，其未邪？彼何賓賓以學子爲？彼且蘄以諔詭幻怪之名聞，不知 至人 之以是爲己桎梏邪？」老聃曰：「胡不直使彼以死生爲一條，以可不可爲一貫者，解其桎梏，其可乎？」無趾曰：「天刑之，安可解！」

依此，其中的問題與要點如下：

（一）主要的問題大致有二：首先是叔山無趾所引發之「德全」與「形全」的關係問題；其次是「孔子」之「天刑之，安可解」的問題。

（二）就第一個問題而言，「孔子」認爲叔山乃因「德不全」而「犯患」，故導致其「形殘」。因此，對於對於「形殘」是否能獲致「德全」是有疑問的；然而，就叔山認爲「孔子」如「天地」而「無不覆載」，即顯其對於「孔子」「德全」之敬。唯此時「孔子」尚未能通透「形全」與「德全」之關係問題。

（三）就第二個問題而論，雖「孔子」轉爲虛心求教的立場，但叔山認爲孔子的重點仍放在「學」的層面，而非「德全」與「形全」的問題，故引發「孔子」未達「至人」之境的評判，並且引導出「至人以是爲己桎梏」的問題。如此，「至人」的評判，主要基於「孔子」不能超越「學」的效用問題；另一方面也隱含「至人」之「有己」與「無己」的問題，故「至人」在此除了作爲「對各類人物之評價性符號」外，也兼具「中介性質之導引」的作用。

（四）延續上一點的討論，即便「孔子」相對於叔山存在了若干的問題，但針對老子所提若干「典範人格性」的修養智慧；〔註49〕叔山實提

────────────

〔註49〕老聃所謂：「以死生爲一條，以可不可爲一貫者」與前論「才全」之內涵大體

出了另一個新的議題，即「天刑之，安可解」的問題。如此，孔子之桎梏其實不在於「至人無己」的問題，而同於「知其不可奈何而安之若命」的議題。如此，叔山不以修養智慧教之「孔子」，一方面不重蹈「學」與「己」的問題，另一方面亦顯其同體萬物性情之「才全德不形」。

三、作為「典範人格」的基本義蘊者

相較於「孔子」對於叔山無趾，一開始並無法放下「德全與形全成正比」的態度，衛靈公與齊桓公對待「闉跂支離無脤」、「甕盎大癭」卻截然不同，〈德充符〉記載：

> 闉跂支離無脤說衛靈公，靈公說之；而視全人，其脰肩肩。甕盎大癭說齊桓公，桓公說之；而視全人，其脰肩肩。故德有所長而形有所忘，人不忘其所忘而忘其所不忘，此謂誠忘。故 聖人 有所遊，而知為孽，約為膠，德為接，工為商。 聖人 不謀，惡用知？不斲，惡用膠？無喪，惡用德？不貨，惡用商？四者，天鬻也。天鬻者，天食也。既受食於天，又惡用人！有人之形，無人之情。有人之形，故群於人，無人之情，故是非不得於身。眇乎小哉，所以屬於人也！謷乎大哉，獨成其天！〔註50〕

據此，其要點如下：

（一）「衛靈公」與「齊桓公」對與「兀者」猶視如「全人」的態度，「莊子」稱之為「誠忘」。此中，仍包涵了兩個問題，即：（1）「不忘其所忘」，意謂仍以形軀觀之，而無法遺忘形軀的問題；（2）「忘其所不忘」，則反而忘掉了「德」之問題。如此，「莊子」則又再一次從「認知」層面反省「德」與「形」之間的關係問題。

（二）接著，「莊子」又以「聖人」之「典範性」嵌入此脈絡裡，內容上則關乎「天」、「人」之際，「德」的實踐問題。如是，「聖人」之「有所遊」所指涉的場域，亦關乎人間世的萬象之中。

（三）就「人」的層面而言，「知」、「膠」、「德」、「商」在此皆為滿足「謀」、「斲」、「喪」、「貨」等目的之「工具性價值」。探究其因，往往出自人迷於「人形」、「人情」，所引發的種種欲望之中。故聖人以「知

相當，故稱為「典範人格性」的修養智慧概稱之。

〔註50〕王叔岷：《莊子校詮・德充符》，頁197。

為孽」、以「約為膠」、「德為接」，以「工為商」之出於成心，而不
為所取。

（二）反之，就自然（「天」）的層面而論，相對於「人」之欲求，「不謀」、
「不斷」、「無喪」、「不貨」，本自然素樸之性，則所謂「天鬻」、「天
食」，即「養於自然，故無須用」〔註51〕之意。故曰：「既受食於天，
又惡用人！」

（五）回到主體生命本身，「有人之形，故群於人」指「形軀」對於人之
社會性意義及其限制；「無人之情，故是非不得於身」當於「形軀」
的限制中，解消情欲的作用與判斷。如此，了解「人用」之「眇乎
小哉」，進一步方能大其德於自然造化（「天」）之中。

（六）綜上所論，「聖人」於此脈絡的「典範意義」，當同歸自然造化的流
行中，以顯「才全德不形」的價值義蘊。

根據本章節的分析，「至人」與「聖人」於「才全德不形」之議題的兩
重提出，呈現了多元的樣貌。此中，「至人」與「聖人」皆有作為「價值評
判標準之符號」者，而標準也直接或間接間地涉及了「才全德不形」義涵。
再者，亦有兼具「價值評判標準之符號」與「中介性質之導引」之「至人」，
一方面作為評價標準，另一方面導引出「己」之層面的問題。最後，作為「典
範人格」之「聖人」則從自然大化的流行之中，體察「才全德不形」的修養
義蘊。

其次，回到前論的整體結果，我們可以發現在內篇中只有「至人」與「聖
人」涉及了同一議題脈絡下的「換用」情形。在這些情形中，「典範人格」
除了作為實踐上的典範意義之外，同時也具備了：「對各類人物之評價性符
號」與「中介性質之導引」等作用。再者，就內容而言，皆涉及了「價值」
問題。依此，「利害」議題主要是從「分判的層面」反思價值的認取問題；「嗇
人」議題則就「行為實踐的層面」反思價值標準的實行問題；「才全德不形」
則自「工夫修養的層面」，反省「德」、「形」與「價值」的關係問題。

〔註51〕《釋文》：「鬻，音育，養也。」王叔岷曰：「《爾雅・釋詁》：『育，養也』；《淮
南子・説山篇》：『幸者食之而勿苦。』高注：『食，養也』故『天鬻』即『天
食』謂自然之養也。養於自然，故無須用。」參見王叔岷：《莊子校詮・德充
符》，頁 199～200。

第四節　諸「典範人格」於外雜篇中的「換用」情形及其意義

語詞與意義之間的關係，維根斯坦（Ludwig Wittgenstein, 1889～1951）於《哲學研究》（*Philosophische Untersuchungen*）提供了一些思考，其曰：「在大多數（儘管不是全部）使用『意義』一詞的情況下，我們可以解釋『意義』這個詞：一個詞的意義就是它在語言中的用法」。〔註52〕回到《莊子》文本的觀察與前文的討論，諸「典範人格」的「意義」，也往往呈現在「莊子」諸問題意識下的不同回應與用法裡。對此，在本節中，我們將繼續討論外雜篇中的「換用」情形。一方面將探討它們涉及的問題，另一方面將討論諸「典範人格」間的用法與關係。

就涉及的問題而言，外雜、篇之「典範人格」仍承自內篇的基調而發展，就「換用」的情形而論，除了延續內篇或「單出」的用法之外；在同一個問題上，也有諸「典範人格」彼此之內涵合流相蘊的現象。順此，外、雜篇的「換用」，主要包涵了兩種取向：

（一）一作為「對各類人物之評價性符號」，一作為基本「典範人格」者。

（二）在同一個議題脈絡中，兩者之間的內涵彼此相蘊者。

以下，本論文將根據《莊子》外雜篇之文本，進行更深入的探討。

一、一作為「對各類人物之評價性符號」，一作為基本「典範人格」者

（一）「庚桑楚」所表徵之價值與「治天下」問題的反思

「至人」與「聖人」《莊子・庚桑楚》曾記載一段觀於老子之徒庚桑楚與畏壘之民的故事：

> 老聃之役有庚桑楚者，偏得老聃之道，以北居畏壘之山，其臣之畫然知者去之，其妾之挈然仁者遠之；擁腫之與居，鞅掌之為使。居三年，畏壘大壤。畏壘之民相與言曰：「庚桑子之始來，吾洒然異之。今吾日計之而不足，歲計之而有餘。庶幾其 聖人 乎！子胡不相與尸

〔註52〕原文見 Ludwig Wittgenstein, "*Philosophical Investigations*：The German text,with a revised English translation."（UK：Blackwell Publisher.2001）（Teil.1：43），p.18；中譯參考涂紀亮譯：《哲學研究》（*Philosophische Untersuchungen*）（石家莊：河北教育出版社，2003 年 1 月），第 1 部分 43 節，頁 31。

而祝之，社而稷之乎？」庚桑子聞之，南面而不釋然。弟子異之。
庚桑子曰：「弟子何異於予？夫春氣發而百草生，正得秋而萬寶成。
夫春與秋，豈無得而然哉？天道已行矣。吾聞 至人 ，尸居環堵之室，
而百姓猖狂不知所如往。今以畏壘之細民而竊竊焉欲俎豆予于賢人
之間，我其杓之人邪！吾是以不釋於老聃之言。」〔註53〕

據此，「聖人」主要被畏壘之民用於對庚桑楚之「評價性符號」，其基礎在於：
庚桑楚「知者去之」、「仁者遠之」、「擁腫之與居」與「鞅掌之爲使」之態度。

此中，「知者去之」與「仁者遠之」，即如《老子》所謂：「絕聖棄智」、「絕
民棄義」〔註54〕等，捨棄總總人爲層面的造作。「擁腫」與「鞅掌」，據成玄
英疏曰：「皆純樸自得之貌」則「擁腫之與居」，意指「純樸之人與其同居」；
「鞅掌之爲使」則謂「率性之人供其軀使」。〔註55〕如此，足見庚桑楚外遺巧
智，進而同體萬物於自然造化之中的態度。因此，畏壘之民「社而稷」的用
意，即在使庚桑楚能夠領導他們，然而，彼此衝突的是，如此將使得庚桑楚
對於畏壘之民的意義，從自然造化中的共存關係偏向「用具性價值」的效用
關係，而失其本。

順此，庚桑楚又回歸「天道以行」的自然之義，提出「至人」的典範性，
即在於本身能夠「尸居還堵之室」之「無爲」，而保存「百姓猖狂不知所如往」
的自生之機，亦如同《老子》所云：「功成、名遂、身退，天之道」〔註56〕的
義涵。如是，無論是作爲「對各類人物之評價性符號」的「聖人」，或是「典
範人格」的「至人」，雖與內篇換用的情形，同樣涉及了及「價值」問題的反
思，但此處亦多有轉承於「老子」思想以匯流的現象。

（二）「德」、「形」、「禮」的實踐關係──「至人」與「聖人」

《莊子‧漁父》篇主要記錄了「孔子」向漁父問道的過程，在對後的最
後有著這麼一段故事：

顏淵還車，子路授綏，孔子不顧，待水波定，不聞拏音而後敢乘。
子路旁車而問曰：「由得爲役久矣，未嘗見夫子遇人如此其威也。萬
乘之主，千乘之君，見夫子未嘗不分庭伉禮，夫子猶有倨敖之容。

〔註53〕王叔岷：《莊子校詮‧庚桑楚》，頁 855～856。
〔註54〕朱謙之《老子校釋‧道經‧第十九章》，頁 74。
〔註55〕參見郭慶藩：《莊子集釋》，頁 770。
〔註56〕朱謙之《老子校釋‧道經‧第九章》，頁 35。

今漁父杖挐逆立，而夫子曲要磬折，言拜而應，得無太甚乎？門人皆怪夫子矣，漁人何以得此乎？」孔子伏軾而歎曰：「甚矣由之難化也！湛於禮義有間矣，而樸鄙之心至今未去。進，吾語汝！夫遇長不敬，失禮也；見賢不尊，不仁也。彼非 至人 ，不能下人，下人不精，不得其真，故長傷身。惜哉！不仁之於人也，禍莫大焉，而由獨擅之。且道者，萬物之所由也，庶物失之者死，得之者生，為事逆之則敗，順之則成。故道之所在， 聖人 尊之。今漁父之於道，可謂有矣，吾敢不敬乎！」〔註57〕

不同於〈庚桑楚〉篇以「聖人」作為「對各類人物之評價性符號」，〈漁父〉篇中，「莊子」則以「至人」之「名相」對「漁父」進行評判。而此事的起因在於，「子路」質疑「孔子」對「漁夫」所行之禮過當，進而引發「德」、「形」與「禮」之實踐的問題。

順此，在「莊子」眼中，「孔子」「行禮」的標準，並不在於「千乘之君」或是「漁夫」等不同位階形相的差別，即不以形式上的規範作為行禮的準則，而在於對象之「長」與「賢」之人格內涵的回應。如是「漁父」在「孔子」心中，實具有「至人」之「典範性」，此中的基礎又在於「漁父」能夠將「真」之奧藏，「身教」〔註58〕而「卜人」於「孔子」，則「漁父」的「至人特質」即能體「真」而下於人。以下，「孔子」又回到「道者，萬物之所由」的立場，揭橥「得」、「失」、「逆」、「順」所帶來之「生」、「死」、「敗」、「成」等效用，並且說明「聖人」的典範性在能「尊於道之所在」，亦即「法天貴真，不拘於俗」。〔註59〕此中，亦隱含「莊子」對於「孔子」為「聖人」之「評判」。

綜上所論，假如我們將諸「典範人格」在語用上的涵義，區分為「表層」與「深層」。那麼就「表層」觀之，「至人」實作為「對各類人物之評價性符號」，「聖人」則為基本「典範人格」；若以「深層」論之，至人亦涉及了「漁父」本身所代表的「典範性」，而「聖人」也隱然地作為「莊子」筆下，「孔子」的自我「評判」。

〔註57〕王叔岷：《莊子校詮・漁父》，頁1246。

〔註58〕《莊子・漁父》篇主要記載孔子向漁父之間的請教，而「真」是它們討論的議題之一，對此，文中記載有孔子曰：「今者，丘得遇也，若天幸然。先生不羞而比之服役，而身教之，敢問舍所在，請因受業而卒學大道。」參見上註。

〔註59〕王叔岷：《莊子校詮・漁父》，頁1246。

二、在同一個議題脈絡中，兩者之間的內涵彼此相蘊者

（一）諸「典範人格」彼此之境界與修養工夫相涵攝：「至人」與「聖人」

在〈達生篇〉中，曾有一段關於「至人」之境界的理解問題如下：

> 子列子問關尹曰：「至人潛行不窒，蹈火不熱，行乎萬物之上而不慄。請問何以至於此？」關尹曰：「是純氣之守也，非知巧果敢之列。居，予語女！凡有貌象聲色者，皆物也，物與物何以相遠？夫奚足以至乎先？是色而已。則物之造乎不形而止乎無所化，夫得是而窮之者，物焉得而止焉！彼將處乎不淫之度，而藏乎無端之紀，遊乎萬物之所終始，壹其性，養其氣，合其德，以通乎物之所造。夫若是者，其天守全，其神無郤，物奚自入焉！夫醉者之墜車，雖疾不死。骨節與人同而犯害與人異，其神全也，乘亦不知也，墜亦不知也，死生驚懼不入乎其胸中，是故遌物而不慴。彼得全於酒而猶若是，而況得全於天乎？聖人藏於天，故莫之能傷也。復讎者不折鏌干，雖有忮心者不怨飄瓦，是以天下平均。故無攻戰之亂，無殺戮之刑者，由此道也。不開人之天，而開天之天，開天者德生，開人者賊生。不厭其天，不忽於人，民幾乎以其真！」〔註60〕

事件的本身，主要的問題在於「至人」之「潛行不窒」、「蹈火不熱」、「行乎萬物之上而不慄」之境界如何可能？依此，對於物之性情與彼此關係的理解將成為首要的課題，依「關尹之答」，物與物之間的差異與距離，主要是因為有形色之表象而得以認取，假如能夠「造乎不形」並「止乎無所化」，那麼「不形」、「不化」在「作用的保存」中，亦能保全「形」與「化」，則「至人」相對於「深水」、「火」乃至於「萬物」，亦能「處不淫之度」、「藏無端之紀」，無傷而共存於自然之中。如是，則至人的修養工夫在於：

圖表 4-2

　　據此，「壹其性」、「養其氣」、「合其德」或同於〈齊物論〉所云「參萬歲而一成純，萬物盡然，而以是相蘊」，〔註61〕唯「壹其性」、「養其氣」偏重自我修養層面，「合其德」側重物我相通的修養層面，在目的上兩層互為因果。如是，能「通乎物之所造」的奧藏，那麼，在自然天眞之性得以存全，即所謂「其天守全」的情況下，精神也不會受到萬物萬相的牽引。

　　再者「莊子」又以「醉者」為喻，指出「醉者」之「骨節與人同而犯害與人異」，主要的原因在於「神全」。而「醉者」之「神全」是指精神上暫時不受到外物牽引的狀態，故於「乘」、「墜」、「死生」等情境皆無法入於其胸，也就是說無所入於「神」。又類似於至人之「其神不郤」，但「醉者」畢竟還未達「至人」之境，所以「莊子」又說：「得全於酒猶若是，而況得全於天乎？」。如此，即引出「聖人藏於天，故莫之能傷」的命題。

　　據此，「聖人」之「藏於天」當如「至人」之「壹其性」、「養其性」、「合其德」的修養工夫，而使其天眞之性蓄藏於自然大化之中，則「物莫之能傷」即能免於萬物萬相的牽引，亦能克服「以物易其性」的問題。準此，「至人」與「聖人」就此脈絡而言，其修養工夫相蘊而通，在境界上亦無二致，。

（二）關於「自然」的體察：「聖人」與「至人」

關於「自然」的體察，〈知北游〉曾載：

> 天地有大美而不言，四時有明法而不議，萬物有成理而不說。聖人者，原天地之美而達萬物之理，是故至人無為，大聖不作，觀於天地之謂也。〔註62〕

　　依「莊子」，就「自然」在體知上的結構，「天地」指出了空間向度，「四時」指出時間向度、「萬物」則針對時空下的實際存在者而言。如此，三個向度即構成「自然」在體知上的意義。再者，針對各個層面的內在特質：「有大美而不言」、「有明法而不議」、「有成理而不說」，舉示「大美」、「明法」、「成理」本於「自然而隨順自然」之奧。則「不言」、「不議」、「不說」一方面當基於「道隱於小成，言隱於榮華」的理據；另一方面，「莊子」有謂：「荃者所以在魚，得魚而忘荃；蹄者所以在兔，得兔而忘蹄；言者所以在意，得意而忘言」，〔註63〕則「聖人」對於「天地之美」、「四時之明法」與「萬物之理」，

〔註61〕王叔岷：《莊子校詮·齊物論》，頁87。
〔註62〕王叔岷：《莊子校詮·知北游》，頁811。
〔註63〕王叔岷：《莊子校詮·外物》，頁1082。

本非執著於「語言」與「文字」上的框限；反之,「聖人」往往與命時存的體察中,原其美、成其理。

以下,「是故至人無爲,大聖不作,觀天地之謂」,其「天地之謂」即「不言」、「不議」、「不說」。順此,「至人」與「大聖」在體知「自然」的過程中,其「無爲」、「不作」之修養,亦同於「聖人」之體知,那麼「至人」在此脈絡下的意義,亦同於「聖人」的典範性而無異。

（三）反思生命存在的類型與意義:「神人」與「真人」

生命存在的類型與意義,內篇論之者甚精,而〈徐无鬼〉亦有所論之曰:

> 有暖姝者,有濡需者,有卷婁者。所謂暖姝者,學一先生之言,則暖暖姝姝而私自說也,自以爲足矣,而未知未始有物也,是以謂暖姝者也。濡需者,豕蝨是也,擇疏鬣自以爲廣宮大囿,奎蹄曲隈,乳間股腳,自以爲安室利處,不知屠者之一旦鼓臂布草操煙火,而己與豕俱焦也。此以域進,此以域退,此其所謂濡需者也。卷婁者,舜也。羊肉不慕蟻,蟻慕羊肉,羊肉羶也。舜有羶行,百姓悅之,故三徙成都,至鄧之虛而十有萬家。堯聞舜之賢,舉之童土之地,曰冀得其來之澤。舜舉乎童土之地,年齒長矣,聰明衰矣,而不得休歸,所謂卷婁者也。是以 神人 惡眾至,眾至則不比,不比則不利也。故無所甚親,無所甚疏,抱德煬和以順天下,此謂 真人 。〔註64〕

依此,首先分析並指出三種存在類型的意義與要點:

(一)「暖姝者」主要是從「一學而知」的角度進行反思,則「莊子」所云:「暖暖姝姝而私自說也,自以爲足矣」,意謂此類人物在學得某一師說、學說後,卻驕矜自喜,非但不以所學爲一隅之見;對於「未始有物」,即「道」之「渾屯」爲「一」之境的層次,更無有所覺。

(二)「濡需者」則是從「安居之生」的角度進行反思。對此,「莊子」以「豕蝨」之居爲喻。不管從「豕」之「疏鬣」,即「領上之長毛」;〔註65〕或是「奎蹄曲隈」,即「兩股之間的隱蔽處」;〔註66〕抑或是「乳間股腳」之處,就「豕」之整「體」觀之,則「豕」存「蝨」存,「豕」亡「蝨」亡。故「豕蝨」即「濡需者」,意指未能宏觀與

〔註64〕 王叔岷:《莊子校詮・徐无鬼》,頁 976～977。
〔註65〕 參見鐘泰:《莊子發微》,頁 585。
〔註66〕 參見方勇、陸永品:《莊子詮評》,頁 818。

衡量整體關係，而苟且偷安者。

(三)「卷婁者」則自「平治天下」之欲求進行反思。對此，「莊子」以「羊肉」與「蟻」的關係，擬之「舜」與「百姓」的關係。則「舜」自「莊子」看來，非但不是「平治天下之明王」，其「三徙成都」等作為，反而成了「百姓」之欲求的對象與根源。如此，則「舜」卻成了「不得休歸」的「卷婁者」，意即德澤深厚，受眾人期待，而不能免於事功勞苦者。

據此，就生命的意義而言，第一種類型顯現了生命的執拗與偏狹；第二種則喪失了通觀萬物與彼此共存的能力；第三種仍不能免於信念上的欲望而有所為，即所謂「以物易其性」的問題。對此，「莊子」提出了「神人」所表徵的典範意義，此中，「莊子」主要從物我關係著眼，「惡眾至」即患於群聚；「眾至則不比，不比則不利」意謂假使眾人群聚身旁，也不會同相比附，不相比附，就不會有「利」的問題，也就是不會有「用具性價值」衍生的問題。如是，沒有「親」、「疏」之別，以懷抱萬物之德以隨順自然之化者，「莊子」謂之「眞人」。據此，「神人」與「眞人」於此亦無所分別。〔註67〕

(四)「勞者」與「佚者」之間的體諒共存：「聖人」與「神人」

在〈養生主〉中，「保身」、「全生」、「養親」、「盡年」〔註68〕等，皆為「莊子」思想的重要關懷之一，而〈外物〉篇對於諸等關懷的實踐，提供了另層面的思考：

> 靜然可以補病，皆搣可以休老，寧可以止遽。雖然，若是，勞者之務也，非佚者之所未嘗過而問焉。聖人之所以駴天下，神人未嘗過而問焉；賢人所以駴世，聖人未嘗過而問焉；君子所以駴國，賢人未嘗過而問焉；小人所以合時，君子未嘗過而問焉。〔註69〕

首先，「靜然」、「皆搣」、「寧」都是「養生」之課題的實際操作方法，但「莊子」又區分了「勞者」與「佚者」兩種狀態，順此，則「病」、「老」、「遽」（急躁）等，主要皆為「勞者」的症狀。故「佚者」不必為了「養生」，而非

〔註67〕唐寫本作：「故无所甚親，抱德煬和，以順天，此謂眞人」，則就不同「版本」的傳抄差異，提供「神人」與「眞人」之異同的一種線索。詳見王叔岷：《莊子校詮・徐无鬼》，頁980。

〔註68〕王叔岷：《莊子校詮・養生主》，頁99。

〔註69〕王叔岷：《莊子校詮・外物》，頁1082。

得有總總養生之措施與行為。如是，「莊子」在此舉示了一個重要的道理：即不同存在情境的人，對於相同之信念與關懷的實踐，不必同等符應於標準化的作為。

則「神人」、「聖人」、「賢人」、「君子」、「小人」等序列中的人格類型，其「天下」、「駴世」、「駴國」、「合時」等生命趣向，無分範圍上的大小、價值上的高低，皆難以從各自的立場，去指導、干涉甚至檢別對方的價值問題，故「未嘗過問焉」本亦尊重殊種生命理趣的修養。若是，相對於「神人」，此處之「聖人」或許為「勞者」，但是跟據「非佚者之所嘗過而問焉」〔註70〕的理念，重點並不在「佚者是否高於勞者」，即「神人是不是高於聖人」的問題上；又因「聖人」面對「賢人」時，亦「未嘗過而問焉」，顯見兩者皆有同等之修養工夫，如此，則此處之「神人」與「真人」亦無差別。

綜上所論，我們可從「議題的內容」、「名相分佈的狀況」、「語用的情形」三個方面將外、雜篇與內篇之諸「典範人格」於同一議題間之「換用」情形綜合比觀如下：

（一）單就「涉及的內容而言」，外、雜篇亦如歷來論者所云，多承內篇遺緒；但是我們就內篇「換用」所涉及的議題觀之，外、雜篇之「換用」則未有明顯的理序與內篇相連結。

（二）承上，內容理序的連結，就「名相分佈的狀況」觀之，內篇僅有「至人與聖人」，而外、雜篇多了「聖人與神人」、「神人與真人」兩種情形。如此，自可理解外、雜篇之「換用」，在內容與名相分佈上，難與內篇連結與交雜的問題。

（三）再者，交雜的問題，就「語用的情形」論之，外、雜篇較之內篇，除了承自原本的語用外，又增加並多有「兩者之間內涵彼此相蘊」的情形。如此，一方面呈顯出諸「典範人格」在工夫或是境界上的同一；另一方面也呈顯外、雜篇之「換用」在「抽換詞面」上的可能，或經後人在編輯上的錯縱性。

〔註70〕 王叔岷曰：「按古鈔卷子本『若是』下旁注『一本有者字。』嘗上無未字。『問焉』作『問也。』（也猶焉也）唐寫本『若是』下有者字。審郭注『故佚者超然不故』即『非佚者之所嘗過而問焉』之意，今本嘗上有未字，蓋涉下文『未嘗過問焉』而衍。」詳見氏著：《莊子校詮・外物》，頁 1084～1085。

第五節　結語——諸「典範人格」之「換用」的議題內涵與多向性效用

綜合本章的討論，主要可就：（一）諸「典範人格」於「換用」時所涉及的議題；（二）諸「典範人格」在相同脈絡中的不同效用，二個層面進行總結的說明。

就涉及的議題而言，回應「以物易其性」、「好知而亂天下」、「以賞罰為事」等問題，諸「典範人格」之「換用」亦自「價值」為反思的原點，分別涉及了「價值的認取」（利害議題）、「價值的實踐」（嗇人議題）與「價值的認取與實踐之間」（才全德不形議題）等問題。而外、雜篇「換用」的脈絡議題，在內容上承衍自內篇亦不待贅言，但就「換用」的角度觀之，仍難與內篇進行通體上的繫聯。

從「微觀」的角度觀察諸「典範人格」在「語用」上的意義，不難理解的是，較之「單出」的情形，諸「典範人格」除了作為「實踐」之範型的基本義蘊外，隨著語境上的需要，諸「典範人格」亦出現了多向性的效用如下：

（一）作為純粹「對各類人物之評價性符號」之「典範人格」。

（二）作為「中介性質之導引」的「典範人格」。

（三）兼具「對各類人物之評價性符號」與「中介性質之導引」的「典範人格」。

（四）諸「典範人格」之內涵彼此相蘊者。

回到「宏觀」的視野觀之，前三種情形雖然不直接作為「實踐」之基本範型，但是它們都指向，或間接、顯豁地涉及其它脈絡之「典範人格」的「範型意義」，故可將其視為「典範人格」在語用上的不同側面。而第四種情形，在內容上，除了可理解為「工夫」與「境界」上的「同一」；語用上，也因此有「抽換詞面」的可能性。唯此種情形並不見於內篇，因此在詮釋上，也蘊涵了兩種可能：（一）或有「集合性作者」之「後出者」將諸「典範人格」之義蘊合流的可能；（二）又或者在後人增減刪改的編輯中，產生了錯綜的可能。準此，本論文將於下一章以「並列連用」進行「宏觀」地融貫「單出」與「換用」的「微觀」意義。

第五章　諸「典範人格」並列連用之分殊與總體融貫性意義

　　考索整部《莊子》，可以發現諸「典範人格」並列連用的情形雖然不多，對於「莊子」思想卻具有深刻涵義，除了本論文在第二章對於〈天下篇〉的討論，即屬〈逍遙遊〉所云：「至人無己，神人無功，聖人無名」最為重要。試推其因：一方面在於篇章上，歷來學者對於〈逍遙遊〉以至「逍遙」義在「莊子」思想上的重視；〔註1〕另一方面則是詮釋上，其對於諸「典範人格」之分殊與融貫性意義的標地性質。準此，本章的目的在於：

　　（一）理解、分析諸「典範人格」於並列連用時的脈絡意義與問題。

　　（二）抉發諸「典範人格」之並列連用對於「莊子」總體思想的宏觀性意義與基準。

　　（三）根據（二）之宏觀性基準，分析其內涵向度，配合前論之「單出」與「換用」所涉及之諸問題，微觀地連結間彼此之間的理路。

〔註1〕 以〈逍遙遊〉爲「莊子」思想綱領或核心的如：馮友蘭：《中國哲學史新編》第二冊（收錄於《三松堂全集》（第八冊））（鄭州：河南人民出版社，2001 年 8 月），頁 345；徐復觀：《中國人性論史——先秦篇》，頁 393；王邦雄：〈莊子其人其書及其思想〉，《中國哲學論集》（台北：台灣學生書局，2004 年 3 月增訂三版），頁 64；吳汝鈞：《老莊哲學的現代析論》，頁 75；高柏園：《莊子內七篇思想研究》，頁 9 等；此外，「逍遙義」的討論眾多，在此尚難盡舉，但大柢皆關涉了「向郭之注」或支遁〈逍遙義〉對於「莊子」思想，在詮釋史上的範型意義。此中的問題，首先涉及了（1）詮釋者對於「莊子」思想之「逍遙」義的理解爲何？；其次是（2）詮釋者對於「向郭」與支遁之「逍遙」義，又作如何的理解？；再者（3）詮釋者在詮釋目的與方法上的差異也影響了（1）與（2）的理解。如此，也使得「莊子」「逍遙義」的討論呈現出多元而分殊的現象。

（四）整合上述的成果，具體而微地嘗試架構出「莊子」「典範人格」義
蘊的融貫性結構。

第一節　「通」之精神與「小大之辯」所蘊涵的問題
——「至人」、「神人」、「聖人」

本論文在第二章曾藉由〈天下篇〉，分析「莊子」諸「典範人格」立基於「通」
的核心義蘊，其中包括了：（1）對諸子百家的會通與轉化；（2）存全彼此「差
異」與通向「同一」的可能。前者主要就「莊子」在「思考上的歷史性」所作
的解讀，後者則從諸「典範人格」彼此運用的關係作出的理解。然而，語義本
繫於語用的方式；語用的方式也立基於如何使意義呈顯的智慧，如是，「差異」
與「同一」的問題，非僅止於「莊子」「三言」策略下，對於諸「典範人格」義
蘊在佈局上的問題，更重要的是「莊子」對於天地萬物於此問題的思考。依此，
〈逍遙遊〉中的「小大之辯」實蘊涵多個相關問題，有待析論：

> 北冥有魚，其名爲鯤。鯤之大，不知其幾千里也。化而爲鳥，其名
> 爲鵬。鵬之背，不知其幾千里也；怒而飛，其翼若垂天之雲。是鳥
> 也，海運則將徙於南冥。南冥者，天池也。〈齊諧〉者，志怪者也。
> 〈諧〉之言曰：「鵬之徙於南冥也，水擊三千里，摶扶搖而上者九萬
> 里，去以六月息者也。」野馬也，塵埃也，生物之以息相吹也。天
> 之蒼蒼，其正色邪？其遠而無所至極邪？其視下也，亦若是則已矣。
> 且夫水之積也不厚，則其負大舟也無力。覆杯水於坳堂之上，則芥
> 爲之舟；置杯焉則膠，水淺而舟大也。風之積也不厚，則其負大翼
> 也無力。故九萬里，則風斯在下矣，而後乃今培風；背負青天而莫
> 之夭閼者，而後乃今將圖南。

> 蜩與學鳩笑之曰：「我決起而飛，搶榆枋，時則不至而控於地而已矣，
> 奚以之九萬里而南爲？」適莽蒼者，三餐而反，腹猶果然；適百里
> 者，宿舂糧；適千里者，三月聚糧。之二蟲又何知！

> 小知不及大知，小年不及大年。奚以知其然也？朝菌不知晦朔，蟪
> 蛄不知春秋，此小年也。楚之南有冥靈者，以五百歲爲春，五百歲
> 爲秋；上古有大椿者，以八千歲爲春，八千歲爲秋，此大年也。而
> 彭祖乃今以久特聞，眾人匹之，不亦悲乎！

湯之問棘也是已。窮髮之北有冥海者，天池也。有魚焉，其廣數千里，未有知其修者，其名爲鯤。有鳥焉，其名爲鵬，背若太山，翼若垂天之雲，搏扶搖羊角而上者九萬里，絕雲氣，負青天，然後圖南，且適南冥也。斥鷃笑之曰：「彼且奚適也？我騰躍而上，不過數仞而下，翔翔蓬蒿之間，此亦飛之至也。而彼且奚適也？」此小大之辯也。〔註2〕

據此，其中問題的重點分析如下：

(一)「鯤化爲鵬鳥」的寓言，主要是說透過修養工夫的實踐，使生命「與物同化」，體證廣大和諧之境。此中又引出了：(1) 修養工夫中的物我關係，(2) 價值殊異的境界問題，而二者之間又立基於彼此的思考之中。

(二) 針對 (1)，猶如「杯、芥與水之積厚關係」，鵬鳥飛升亦取決其與「風之積厚」的關係，而「生物之以息相吹」顯見其飛升本須同流於萬物之息。如是，則個體生命的修養工夫非僅止於個人層面的實踐，尙須在萬物共存的關係中，體驗「差異」並同流而與之化。

(三) 關於 (2)，延續 (1) 的討論，「莊子」有謂：「南冥者，天池也」、「窮髮之北有冥海者，天池也」，又曰：「天之蒼蒼，其正色耶？其視下也，亦若是則已矣」，顯見鵬鳥「物化」而「飛升」的過程中，「南」、「北」、「上」、「下」之位置所表徵的意義，在價值上並非絕對的終點。如此，修養工夫之於生命的意義，就不在於將價值格式化後的「同一」實踐與操作，而是在與物共存的實存經驗中，體驗生命的奧藏。

(四) 承自 (三) 的觀點，「蜩與學鳩相對於鵬鳥之飛」、「小知不及大知」、「小年不及大年」突顯了價值與境界的差異問題，則「蜩與學鳩之笑而何知？」、「彭祖以久而眾人相匹之悲！」與「斥鷃奚適之笑」亦呈顯出無法觀照萬物，而價值自出的遮蔽性問題。

(五) 綜合前論，我們或許可以將「修養工夫中的物我關係」與「價值殊異的境界問題」視爲「小大之辯」所欲辯證的主要問題。

以下，「莊子」又從不同價值所表徵的境界中，探索「小大之辯」中的問題：

故夫知效一官，行比一鄉，德合一君而徵一國者，其自視也亦若此矣！而宋榮子猶然笑之。且舉世而譽之而不加勸，舉世而非之而不加沮，定乎內外之分，辯乎榮辱之境，斯已矣。彼其於世未數數然也。雖然，猶有未樹也。夫列子御風而行，泠然善也，旬有五日而後反。彼於致福者，未數數然也。此雖免乎行，猶有所待者也。若夫乘天地之正，而御六氣之辯，以遊無窮者，彼且惡乎待哉！故曰：至人無己，神人無功，聖人無名。〔註3〕

依此，主要包含了兩大層次與兩個細準。兩大層次主要指「有待」與「無待」之境；兩個細準則指「有待」的層次中：（1）、「於世有無數數然」，即「是否耽溺於社會價值的實現」；（2）「有無樹也」，即「是否固守於成心之分，而無法使性情生命獲得安適」。宏觀地看，則貫通為四個層境如下：

1、「有待」之境	（1）「知效一官，行比一鄉，德合一君而徵一國者」
	（2）「定乎內外、辯乎榮辱之境者」
	（3）「御風而行，不數數然於致福者」
2、「無待」之境	（4）「乘天地之正、御六氣之辯，以遊無窮者」

關於（1），「官」、「鄉」、「君」、「國」是此種生命類型主要存在的價值，雖如蜩、學鳩、鴳般，有其「自視也亦若此矣」的滿足，但這種境界仍「有待」於「世間」之種種欲望所設下的價值與規範的符應。則存在的意義遂取決於外物對其事功的肯定，如是，終難免於「以物易其性」的問題，而傷其性命。

關於（2），能夠「辯乎榮辱之境」，則「譽」與「非」之名不能使之「勸」、「沮」，顯見宋榮子存在的意義並非建立於外在名聲的滿足，遂能「定乎內外之分」。問題在於：執守於內外之分仍未能反照自我性情生命，而樹其生命價值。如是，則生命仍「有待」於性情與價值之間的安頓。

關於（3），「御風而行」主要意寓了列子返回自然之意向，「御風」則是通向此價值場域的修練與方法。而「旬有五日而後反」顯見「自然」對於列子而言，仍偏重於相對「世間」的價值場域而有所隔，則列子對於世間之致福雖未汲汲有所求，但為了成其所嚮，列子掌控「風」的同時，亦「有待」

〔註3〕 王叔岷：《莊子校詮·逍遙遊》，頁17～18。

於「風」的助力。如此，列子並未能同於「風」而物化於自然宇宙之中。

最後是（4），「乘天地之正，而御六氣之辯，以遊無窮」意指能夠隨順自然宇宙間各種生成變化，游乎天下之一氣於無垠涯際者，例如：「至人」、「神人」與「聖人」。如是，此種生命類型當無價值殊異，與物我之分的差異，亦無「小大之辯」所蘊涵的問題。

準此，就「價值殊異的境界問題」思考，由（1）到（3）所代表的生命類型，反映其存在價值建立的基礎，從「有待於外在事功」到「定乎內、外之分而有待樹之」，再到「內心嚮往而待之」的差異，雖各有其價值嚮往而自視之、嘲笑之，但在無法隨順於自然之化，而通於內、外之間的情況下，「有待」下的「差異」仍不爲「莊子」所取。

再以「修養工夫中的物我關係」觀之，「有待」層次的修練，基本皆存在了若干物我之分的預設；而「無待」層次的修養工夫，除了「通天下之一氣」的基本世界觀（Weltanschauung），〔註4〕「無己」、「無功」、「無名」更具體而分殊的指涉了「至人」、「神人」、「聖人」在「工夫／境界」不斷辯證實踐的不同側面中，對於價值殊異、物我之分問題的解消。唯此仍「同一」立基於諸「典範人格」於「無待」之境的分殊義。

依此，「至人無己」、「神人無功」與「聖人無名」在不同脈絡中，語境範圍的差異、觀測點的遠近也使其內涵在詮釋上有所深淺。就〈逍遙遊〉的篇章脈絡而言，「堯讓天下於許由」〔註5〕的故事，思考了治天下之目的與統治者之「名聲」的關係，則「聖人無名」反思的對象性主要在於：具有「統治者」義涵之「聖人」對於「名」之欲求的問題；其次，「肩吾問於連叔」的對話中，所謂：「堯治天下之民，平海內之政，往見四子藐姑射之山，汾水之陽，窅然喪其天下焉」，足見「神人無功」反思的對象性也在於：「統治者」對於平治天下之「事功」的欲求問題；〔註6〕最後，「惠子謂莊子」〔註7〕的對話中，

〔註4〕 關於「莊子」「氣」之「宇宙生成論」或「養生論」的討論，參見（日）小野澤精一、福光永司、山井涌編《氣的思想——中國自然觀與人觀念的發展》（氣の思想）李慶譯（上海：上海人民出版社，2007 年 3 月），頁 116～124；宋榮培：〈東方的「相關性思維模式」和對有機體生命的理解——以莊子和中醫的有機體生命原理爲中心〉，吳展良編《東亞近世世界觀的形成》（台北：台灣大學出版中心，2007 年 7 月），頁 1～34。

〔註5〕 王叔岷：《莊子校詮·逍遙遊》，頁 21～22。

〔註6〕 本論文曾在第三章「單出」的情況中，以「藐姑射山之『神人』——『平治天下』之『事功』對於生命價值意義的反思」一節進行論述，請參見頁 53～55。

「用」與「無用」表徵了社會價值的反思，並指向「逍遙」的可能性問題，則「至人無己」反思了「社會地位」或「社會角色」建立的過程中，生命存養與意義的關係問題。

不過，〈逍遙遊〉一篇在詮釋上所提供的脈絡與憑藉，倘若就「詮釋學循環」（hermeneutic circle）的觀點檢視，不難發現「堯讓天下於許由」、「肩吾問於連叔」、「惠子謂莊子」的對話與故事，雖可提供「至人無己」、「神人無功」、「聖人無名」之文脈的理解，在詮釋時的方向，但是對於「無待」之境的理解，回顧之前在「單出」與「換用」情形中的討論，就「莊子」總體思想視之，仍顯得不夠周全。準此，我們將在下一節中從更宏觀的角度，進行更深入的討論。

第二節　「歷史性」與「普遍性」之間
——諸「典範人格」分殊義涵的宏觀性基準

延續上一節的討論，回溯第二章的討論，本論文探索了「莊子」思想在「思考」與「問題」之間的「歷史性」，並且透過「以物易其性」、「好知而亂天下」、「以賞罰為事」、「儒墨之是非」與「楊墨之駢枝」揭顯其歷史視域下所蘊涵的諸問題。不過，自《經典釋文》將其列為「經典」以來，「莊子」思想在東方文化傳衍與發展的過程中，其普遍性的價值義蘊自不待言，須要說明的是：現行《莊子》文本語言所蘊涵的思想，並非針對特定形器層面的制度問題而發，〔註8〕則「莊子」思想的「普遍性」本立基於問題思考的「歷史性」之中，而問題思考的「歷史性」亦內在了「普遍性」的思維向度，故二者理應相即、相生而成。

準此，如果我們同意把「逍遙」作為宏觀「莊子」思想核心的普遍性意義，那麼「生命如何逍遙於宇宙之中」的一系列問題，應內在於諸「典範人格」所涉及之不同問題的「微觀」與「宏觀」之中。如是，「無待」之境所謂：

〔註7〕 王叔岷：《莊子校詮・逍遙遊》，頁32～37。

〔註8〕 若從「注家版本的差異」進行思考，或如《經典釋文・序錄》所云：「《漢書・藝文志》『《莊子》五十二篇』，即司馬彪、孟氏所注也。言多詭誕，或似山海經，或類占夢書，故注者以意去取。其內篇眾家並同，自餘或有〈外〉而無〈雜〉。」等版本內容差異的詮釋關係與問題，則有待更多新的相關文獻進行參證。參見〔唐〕陸德明〔清〕吳承仕：《經典釋文序錄疏證》（北京：中華書局，2008年6月），頁141。

「乘天地之正、御六氣之辯,以遊無窮者」本通於「逍遙」之義,則「無己」、「無功」、「無名」亦不啻為其宏觀意義下的不同側面。雖然如此,我們仍可從《莊子》文本明確使用「逍遙」一詞的情形中,獲得較清楚的輪廓與線索如下:

> 今子有大樹,患其無用,何不樹之於無何有之鄉,廣莫之野,彷徨乎無為其側,逍遙乎寢臥其下。不夭斤斧,物無害者,無所可用,安所困苦哉！〔註9〕〈逍遙遊〉

> 假於異物,託於同體;忘其肝膽,遺其耳目;反覆終始,不知端倪;芒然彷徨乎塵垢之外,逍遙乎無為之業。彼又惡能憒憒然為世俗之禮,以觀眾人之耳目哉！」〔註10〕〈大宗師〉

> 古之至人,假道於仁,託宿於義,以遊逍遙之虛,食於苟簡之田,立於不貸之圃。逍遙,無為也;苟簡,易養也;不貸,無出也。古者謂是采真之遊。〔註11〕〈天運〉

> 扁子曰:「子獨不聞夫至人之自行邪？忘其肝膽,遺其耳目,芒然彷徨乎塵垢之外,逍遙乎無事之業,是謂為而不恃,長而不宰。〔註12〕〈達生〉

> 舜以天下讓善卷,善卷曰:「余立於宇宙之中,冬日衣皮毛,夏日衣葛絺;春耕種,形足以勞動;秋收斂,身足以休食;日出而作,日入而息,逍遙於天地之間而心意自得。吾何以天下為哉！悲夫,子之不知余也！」遂不受。於是去而入深山,莫知其處。〔註13〕〈讓王〉

嘗試論之,綜合主要的重點如下:

(一)「無何有之鄉」、「廣莫之野」、「反覆終始」、「不知端倪」、「芒然彷徨乎塵垢之外」、「天地之間」象徵「逍遙」之境在「無為」的工夫修養過程中,消解了「時空界判之知」對於實存生命的箝制,進而貫通「六合內外」的分別而遊於其中。如是,則「逍遙」與「無待」之義一也。

〔註9〕 王叔岷:《莊子校詮・逍遙遊》,頁37。
〔註10〕 王叔岷:《莊子校詮・大宗師》,頁250～251。
〔註11〕 王叔岷:《莊子校詮・天運》,頁530。
〔註12〕 王叔岷:《莊子校詮・達生》,頁714。
〔註13〕 王叔岷:《莊子校詮・讓王》,頁1119。

（二）此中，以「無爲」作爲「莊子」「逍遙」之工夫義蘊者，又隱涵了「無己」、「無功」、「無名」等三個側面的義涵。

（三）就「無己」的層面而言，「己」主要從身、心的修養問題著墨，則「忘其肝膽」、「遺其耳目」、「立於不貸之圃」與「食於苟簡之田」，皆突顯出心志層面的修養工夫，對於身體機能與感官需求的超越意義。

（四）就「無功」的層面來說，「功」主要繫乎於「用」，即「功」之成效與「用」之價值以至生命存養關係問題，所謂「不夭斤斧，物無害者，無所可用」說明大樹雖不具一般社會性的用具性價值，卻能在「大用」中保全性命。

（五）從「無名」的層面而論，善卷所謂「吾何以天下爲哉！」，足見其志並不在於「治理之功」而得以「名」滿天下。

（六）總括所論，「無己」、「無功」、「無名」本內涵於「莊子」之「逍遙」、「無待」以至「無爲」的觀念而爲「次級性概念」。不過，就「莊子」總體思想而言，這些概念「宏觀」地看，配合「眞知」對於「眞人」在理解上的重要性，又可作爲「莊子」思想中，「全體」觀照「部分」時的思考基準。

準此，我們當在下一節中對於諸典範人格之「單出」與「換用」的情況，進行更多融貫性的分析與綜合。

第三節　諸「典範人格」之內在體系性結構的綜合討論與揭顯

延續前面的準備工作，以下我們將分別從「無己」、「無功」、「無名」與「眞知」作爲諸「典範人格」體系性架構的思考基準，探討如下：

一、「無己」的探索：「至人」諸脈絡涵義的整合性討論

「無己」主要表徵了「至人」在「莊子」思想中，「逍遙」或是「無爲」義的殊相，則「己」實爲「至人」諸議題的統攝性範疇。依此，假如我們從「身體觀」的角度進行思索，則「形（身）——氣——心（神）」的結構本爲「莊子」思想的形構基礎，[註14] 而「氣」在「身」、「心」問題中，佔有了

───────────────

〔註14〕關於「莊子」思想中，身體基礎或「身體觀」的討論，可參見胡孚琛：〈道家

修養工夫上的關鍵地位，則「身體形軀」與「心志意向」的兩層分殊與互涉所引發之問題，實構成「己」的主要問題內涵。環顧「至人」在「單出」與「換用」所涉及的問題與表徵意義有：

　　（一）對於心知之分別作用的反思與消解：「典範人格」。

　　（二）價值判斷之「利害」省思：「典範人格」。

　　（三）救治事件中的「嗇人」省思：「中介性質之導引」。

　　（四）「才全」與「德不形」的省思：「對各類人物之評價性符號」、兼具「價值評判標準」與「中介性質之導引」。

　　關於（一），不難理解心知之分別作用本屬於「心志意向」的活動之一，而作用之目的與功效更屬於「身」、「心」兩層，彼此考慮、交涉下引發的欲望與價值問題。其次，「至人」能夠突破「利害」問題的考量，本基於「死生」問題的解消，即對於「身體形軀」的解構而有其「典範性」；再者，針對「嗇人」的問題，「至人」作為「中介性質之導引」，使得「先存諸己而後存諸人」突顯出救治行為中，「救治者」之內在修養的優先意義，而其修養工夫即在「氣」（「心齋」、「聽之以氣」）的義涵中進行，那麼「古之至人先存諸己而後存諸人」與「至人無己」在議題範疇上就得到了互相映藉的效果；最後，關於（四），「才全德不形」的問題本身就是對「身」、「心」問題的反思，此中，作為「對各類人物之評價性符號」的「至人」，即在於能否體知「才全德不形」之奧，如此，則間接指向「身」、「心」交涉作用中，成心與有形的解構問題。此外，兼具「對各類人物之評價性符號」與「中介性質之導引」之「至人」，一方面反思「學」的效用問題，另一方面又同時隱涵「有己」、「無己」的問題，也同樣在於成心的解消與「己」議題上的呼應。

　　準此，「無己」實具有「至人」在「莊子」總體思想中的宏觀性意義。

二、「無功」的探索：「神人」諸脈絡涵義的整合性討論

　　如同「己」作為「至人」宏觀面向的範疇意義，「無功」之「功」也涵蓋了「神人」所涉及的範疇。依此，「功」主要繫於「用」的問題，即行為者根

和道教形、氣、神三重結構的身體觀〉、楊儒賓：〈支離與殘形——論先秦思想裏的兩種身體觀〉，二文皆收入楊儒賓主編《中國古代思想中的氣論與身體觀》（台北：巨流圖書公司，1997年2月），頁171～176、415～449；杜正勝：〈形體、精氣與魂魄——中國傳統對「人」認識的形成〉，《新史學》2卷3期（1991年9月），頁1～65。

據其「內在價值」的需求，針對各種行為在「用具性價值」上的評估，而「無功」則彰顯了此問題的反思。準此，迴視「神人」在「單出」所涉及的問題有：

（一）對於「平治天下」之價值意義的反思與消解：「典範人格」。

（二）用具性價值取向與生命存全關係的反思：「典範人格」

據此，我們可從「殘生」、「損性」的觀點進行思考，相應於（一），透過「吸風飲露」、「乘雲氣」、「御飛龍」等意象的隱喻，「莊子」說明在「神人」融於自然造化的典範性下，「平治天下」之「事功」，並無「主觀價值」的實現問題，自然也沒有損傷其性的可能；另一方面，相應於（二），就「常人之價值」而言，「有材」之木雖有其「功」、「用」卻無能免於「殘生」的情況，對「神人」來說，反不如「不材」者之終其天年而為「大祥」。準此，「功」作為一個範疇議題，實從各種價值需求與行為效果的關係，反思其對於生命的意義。

三、「無名」的探索：「聖人」諸脈絡涵義的整合性討論

關於「聖人無名」，如前所論，先秦諸子多以「聖人」作為闡述思想核心的主要符號；而「名」的問題，如〈逍遙遊〉所云：「名者，實之賓也」，〔註15〕「名」繫乎於「實」，則「名實」問題亦成為先秦思想討論的重要議題。不過，「實」的內涵不同，問題所涉及的層面亦不相同。涉及「政教或道德層面」者，如：孔子曰：「必也正名乎！」（《論語·子路》）〔註16〕、孟子曰：「好名之人，能讓千乘之國」（〈盡心下〉）〔註17〕、荀子曰：「制名之樞要」、「制名以指實」〔註18〕、墨子曰：「殺身而為名」〔註19〕、韓非子曰：「人力盡而功名立」，〔註20〕而公孫龍所謂：「正其所實者，正其名也」。〔註21〕在目的上雖或指向政教層面，〔註22〕在內涵上則多關涉語言抽象思

〔註15〕王叔岷：《莊子校詮·逍遙遊》，頁22。

〔註16〕〔魏〕何晏注、〔宋〕邢昺等疏、〔清〕阮元校勘：《論語注疏》，卷十三，頁115。

〔註17〕〔漢〕趙岐注、〔宋〕孫奭疏、〔清〕阮元校勘：《孟子注疏》，卷十四下，頁250。

〔註18〕李滌生：《荀子集釋·正名》，頁510、512。

〔註19〕〔清〕孫詒讓：《墨子閒詁》，〈兼愛中·第十九〉，頁106。

〔註20〕陳啟天：《增訂韓非子校釋·用人》，頁792。

〔註21〕陳注：《公孫龍子集解·名實論》，頁212。

〔註22〕《公孫龍子·迹府》：「公孫龍，六國時辯士也，疾名實之散亂，因資材之所

辨；其次，涉及「形上思辨與語言實踐關係之反思」者，如：「老子」曰：「道常無名」、「始制有名」〔註23〕此中，諸家或有涉及同一層面，但關懷與理想不同，其「名實」問題的義涵也有所差異。如此，「莊子」對於「名實」問題的討論又反思了哪些層面？則有待我們進一步分析，茲將「聖人」之「單出」與「換用」所涉及的問題與表徵的意義列出：

(1) 對於「『是』、『非』本質」的反思：「典範人格」。

(2) 對於「名實之用」的反思：「典範人格」。

(3) 對於「知之所成（目的）」的反思：「典範人格」。

(4) 對於「言」與「道」之關係的反思：「典範人格」。

(5) 「有道」與「無道」與「有用」與「無用」的抉擇：「典範人格」。

(6) 善於「死生」之化：「典範人格」。

(7) 「聞道」與「踐道」之間的體察辨證：「典範人格」。

(8) 「天下」之「內治」與「外治」的省思：「典範人格」。

(9) 價值判斷之「利害」省思：「典範人格」

(10) 救治事件中的「蕃人」省思：「中介性質之導引」

(11) 「才全」與「德不形」的議題省思：「對各類人物之評價性符號」、「典範人格」。

　　據此，「莊子」以「聖人」為「典範人格」之「名實」問題反思中，主要包括了：（一）「形上思辨與語言實踐關係的反思問題」；（二）「政教關懷與生命價值的衝突與安立問題」二大層面，而後者更有賴於前者做為思維基礎。針對（一），回顧「莊子」思想的歷史背景，在「道術將為天下裂」的視域中，諸子百家之「是非相爭」不外乎「言」與「道」的詮釋與實踐問題，則（1）、（2）、（3）、（4）所涉及的問題，正呈現出「莊子」自「是非本質」→「名實之用」→「知之目的」→「『言』與『道』關係」的一系列反思；同時，就（7）的思考而言，「道可得學邪？」的問題，也在「南伯子葵——女偊——卜梁倚」

長，為『守白』之論。……欲推是辯，以正名實，而天下化焉」；又《公孫龍子・名實論》：「至矣哉！古之名王，審其名實，慎其所謂。至矣哉！」，引文見陳注：《公孫龍子集解》，頁 37～38、頁 220。關於「名實」問題及其政治原則的關係參見岑溢成：〈公孫龍子及惠施之思想研究〉，《哲學與文化月刊》，頁 25；李賢中：《先秦名家「名實」思想探析》（台北：文史哲出版社，1992年 8 月），頁 60。

〔註23〕朱牟之釋、任繼俞譯：《老子釋譯・道經・三十二章》，頁 130～131。

的問答結構裡，揭顯「聖人」在「道」之「實踐」與「聞知」的體察辯證間，具備了典範意義。如此，亦可看出「莊子」思想由「歷史性」出發到「普遍性」的軌跡。

（二）關於，在「名實」問題的反思中，所謂「政教關懷」，依據最終目的的差異，又可區分為：A、以「名」本身代表的「聲譽」為生命價值者、B、以「名」伴隨而來的「利」為生命價值者，而「利」主要涉及個人私欲的層面、C、以「名」所能成就的「功」為生命價值者，而「功」在此主要指公共事物的層面。雖與「無功」之義或有所交涉，但此處限定於「名」之問題的延伸，則不相當。順此，三者之間可能同時兼具，也可能互相引出，則所謂「衝突」，意指種種政教關懷之目的對於性情生命的損傷，而「莊子」的反思亦自此而發。

依此，相應於 A、C，在「薔人」問題的省思中，作為「中介性質之導引」的「聖人」，主要揭顯出常人在救治事件的目的上，往往在無法獲致「實」之「功」的成果下，又容易迷失於「聲譽之名」的問題；其次，相應於 B，就「利害」問題的討論而言，「聖人典範」的提出，同時具備了「『聖人』並非利害之標準」與「『聖人』無有區分利害」的典範性；再者，相應於 C，「內治」與「外治」的省思中，「聖人之正而後行」，意在反思「統治者」藉由「外治」之客觀禮法規範，對於「被統治者」之行為，進行價值取向的符應與要求，以至於彼此傷其性情生命的問題。

順此，環顧 A 層面的思維基準，「莊子」又有自更根本之「生命價值如何安立」的觀點進行反思者。此中，在（5）與（6）的討論中，不論是「聖人」之「生」與「成」，或「聖人之遊於物之所不得遯而皆存」皆本於「通天下之一氣」、「遊天下之一氣」的世界觀；則無論是「有道」、「無道」或是「死」、「生」的境遇問題，皆能「物物而不物於物」〔註24〕之無有分殊；其次，「才全德不形」中，作為「對各類人物之評價性符號」或是「典範人格」的「聖人」也都間接或直接從「工夫修養層面」反思了「德」（實）與「形」（名）以及價值的問題。

準此，「無名」作為「聖人」的宏觀性基準，主要實自「名實問題」的多種層面反思、交織而成。

〔註24〕王叔岷：《莊子校詮‧山木》，頁 720。

四、「眞知」的探索：「眞人」與諸「典範人格」間的連繫性基準

　　關於「知」，指生命實存中的經驗之知，就《莊子》一書觀之，多有自不同角度提出問題者，例如從生命之差異性著眼的有：「小知不及大知」（〈逍遙遊〉）；從「知」對身心影響切入的有：「大知閑閑，小知閒閒」（〈齊物論〉）；由「生」與「知」之異質性引發的有：「生也有涯，而知也無涯。」（〈養生主〉）；從「知」之社會性作用論述的有：「知之者，爭之器也」（〈人間世〉）。其次，針對「知」之問題論述的修養工夫也有：「官知止而神欲行」（〈養生主〉）、「無爲知主」（〈應帝王〉）等。不過，就「莊子」總體思想觀之，又以代表「眞人」之典範意義的「眞知」問題，涵蓋的範圍最爲廣延。

　　依此，根據本論文第三章的分析，「眞知」主要相對於「天、人明分之知」，「天、人明分之知」主要的目的在於「明於天人之分」，所達成的種種欲望與期盼；而「眞知」則須透過「眞人」的修養實踐，解消「天人之分」的問題，進而通向「天與人不相勝」的境界。申而論之，「天人關係」本指「天」與「人」的互動關係，「天與人不相勝」本蘊涵了「人」協同「自然之天」、或「義理之天」，又或是「宗教之天」的合諧共在，又或者說：「人」與「天」在關係上的區分，就「其一也一，其不一也一」的觀照下本無差異，亦無領屬、逆反、信仰的問題。如是，就「莊子」思想在「思考的歷史性」而言，除了繼承古老「天人關係」的探索外，同時也可能是對於諸子對此問題思考的反省。〔註25〕然而這仍是就「莊子」思想在繼承與轉化上的「歷史性」而言。實際上，「天與人不相勝」也同樣隱然地存在於諸「典範人格」間各自側重的層面。

　　嘗試論之，「無己」之「己」主要就「身」、「心」與彼此交涉的問題而發，當屬於「人」的層面出發，那麼「無己」亦無「人定勝天」的問題；其次，「無功」之「功」從價值需求與行爲效果的關係立論，不僅涉及了「人」在自然

〔註25〕就「天人關係」的問題來說，相較於「莊子」認爲「知天之所爲，知人之所爲」，可謂「至矣」卻「雖然，有患」的評論，荀子則說：「明於天人之分，則可謂至人」，不僅在「天人關係」的理解中，與「莊子」並不相同，在「典範人格」名相的使用也出現了差異。須要説明的是：無論「莊子」是「集體作者」或是「個人」，又或者當時的學者們彼此是否有實際論學的交涉，雖自「不同理念」出發，他們仍可能「與人爲徒」、「與古爲徒」而「環顧彼此」，針對「相同問題」，發表「不同論述」，例如：諸子對於「聖人」、「德」、「名實」等問題在內涵上的「同題異論」，又如「眞人」、「神人」、「至人」諸名相也非「莊子」特有之思考。如此，輔以前論「莊子」對「道術將爲天下裂」的反省，其「通」之精神，除了「縱向的繼承與轉化」，也應有「橫向反省」的可能性。

場域中的行為價值；擴而思之，同時也可能涉及了義理實踐與鬼神信仰的價值與行為問題。那麼就「無功」的境界而言，人的行為沒有形式地符應義理天，也沒有盲從地信仰宗教天等問題；再者，就「無名」之「名」涉及的「名實問題」而言，「形上思辨與語言實踐關係的反思」當涉及「莊子」本身對於「天」之義涵的思維與論述上的實踐；則「政教關懷與生命價值的衝突與安立」亦不啻本於前者的基礎，在自然與人文的世界之間，和諧而不斷地體知生命的奧藏。準此，「天與人不相勝」之「真知」，實將「己」、「名」、「功」等諸層面之「知」通而為「一」的關鍵。

五、「至人」、「神人」、「聖人」、「真人」的系統性「宏觀」與「微觀」

在進行系統性的「宏觀」與「微觀」之前，首先須注意到諸「典範人格」與「莊子」總體思想在理解上的關係問題：

（一）就「宏觀」的角度思之，所謂：「其一也一，其不一也一」，那麼「至人」、「神人」、「聖人」本同時為「無待」、「逍遙」的境界，而「真人」亦為體「道」之「大宗師」，那麼在「工夫／境界」的層面中，諸「典範人格」並無高下之分。

（二）從「微觀」的角度而言，所謂：「道未始有封，言未始有常」，「工夫／境界」上的同一，並不影響其不同觀測點中的分殊面相，而「己」、「功」、「名」、「知」正顯示出諸典範人格於不同層面的著重。

根據（一）與（二）的推論，『『己——功——名』／『知』』實共構出諸典範人格在總體關懷上的「一體四相」，則它們彼此之間的關係可分析如下：

（一）「己」→「名」：「名實」問題主要涉及了：心智生命在邁向人文社會的過程中，對於宗教、政治、社會與學術等各層面的反思、建構與意義問題。

（二）「名」→「功」：種種形上思辨與政教關懷議題，對於自然性情的牽引，往往在於：無法擺落各種價值與行為效果的需求對於生命的支配。

（三）「功」→「己」：各種價值行為對於生命的意義，亦本自於人之身、心層面出發，延伸出各種問題。

（四）「己——名——功」→「知」：（一）、（二）、（三）的關係結構即形

成諸「典範人格」所要回應的問題架構。

準此,「『己──名──功』／『知』」實可構成一個循環結構,圖示如下:

圖表 5-1

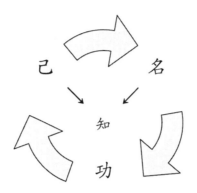

如此,所謂「無己」、「無功」、「無名」即對於「己──名──功」結構之各層面的解消;「眞知」即「天與人不相勝」,則是對該結構之知的超越;假如我們藉用「莊子」的比喻來說:「己──名──功」的結構就是「環」,「眞知」就是「樞」,不僅「眞人」能得其結構環中,「至人」、「神人」、「聖人」之「無待」,也使得環之結構與生命冥合於自然、人文的世界之中。依此,我們權且以另一圖示顯諸「典範人格」的典範意義,如下:

圖表 5-2

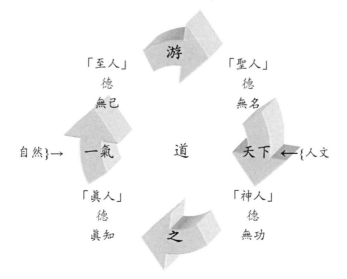

　　依此，微觀的看，就「人格修養的實踐」層面而言，「道」作為存有的根源，本「無為無形」於天地之間，諸「典範人格」在「身」、「心」之間，透過「無己」、「無功」、「無名」等修養工夫後，而內化於「德」，即「才全德不形」的境界。同時，宏觀地看，在「知」通而為「一」的情況下，天地萬物本為「有機的整體」。如此，諸「典範人格」在「物我關係」的層面裡，其「聽之以氣」、「虛而待物」以至於「物化」的情況中，亦能「游乎天下之一氣」。

第六章　結論──本論文之各階段成果回顧、反省與展望

　　最後，本論文將從：（一）各階段成果回顧；（二）詮釋過程的反省與未來研究之展望等，二個部分進行結論的工作。

一、各階段成果回顧

　　回顧本論文各階段的研究成果，首先從「莊子」思想在「思考的歷史性」出發，透過文本本身「以物易其性」、「好知而亂天下」、「以賞罰為事」、「儒墨之是非」、「楊墨之駢枝」等批判性線索與提示，揭顯其對於「周文疲弊」與「百家爭鳴」之二層情境的問題視域，進一步描摹出一組具有層次與連續性之「二層五段」的導引性問題，如下：

圖表 6-1

第一層　「莊子」對「周文疲弊」的理解與反思
（1）人的自然天眞之性，如何能安適或免於社會價值與環境的過度支配所受到之扭曲、壓迫，甚至傷生害命？
↓
（2）政治、社會上的領導者，如何消弭過度依賴於信念的組織與知識實際運用的功效以達其目的？
↓
（3）統治者治理國家的過程中，如何跳脫「賞罰」機制的落實以確保具體方針之運作所帶來的功效？人民又如何能免於鼎鑊刑具的桎梏？

第二層　「莊子」對「『諸子百家』對『周文疲弊』之解決」的理解與反思
（4）在求「道」的實踐中，如何溶解「道」之諸多「固體狀態」的把握？又如何從「言」通向「道」的過程中，擺落「抽象思辯」所衍生之豐富多樣性的迷戀？ ↓ （5）「道」之「言」、「辯」行為的實踐中，如何消解種種目的之得失，而隨順於自然之理？

依此，復以《莊子·天下篇》「道術將為天下裂」之線索，突顯「通」之精神，對諸「典範人格」於「莊子」思想中的歷史意義，並連同「二層五段」之問題視域，作為理解「莊子」諸「典範人格」思維之導引。

第二，藉由對「莊子」諸「典範人格」於「單出」時，所涉及之脈絡問題的考察，思索「二層五段」的導引性問題，可以發現我們並不能簡化地將某一「典範人格」，個別安放與對應於「二層五段」所蘊涵的某一問題，因為它們可能：

（一）彼此皆跨越了不同層次的議題。

（二）即使涉及同一議題，彼此也可能從不同的側面切入。

（三）雖「問題意識」的根源本有其「思考的歷史性」，然而諸「典範人格」所表徵之「具體的共相」，亦呈顯「莊子」對於「普遍性」問題思索的智慧。

依此，就二層語境的「宏觀」省察，「至人」、「神人」、「聖人」、「真人」皆涉及了「周文疲弊」所涵蘊的問題；而「百家爭鳴」所涵蘊的問題，則僅由「聖人」所觸及。

第三、深入觀察「莊子」對於諸「典範人格」之「語用⇌意義」間的關係思維，相較於「單出」的情形，「換用」實代表了一種更複雜而分殊的情況。對此，回顧當前學界在討論上多無涉及與發揮，關於「換用」應如何理解與詮釋的問題，仍有許多探索的可能性，依此，為了掌握諸「典範人格」在同一議題中的意義與作用的分殊面相，本論文發現：在「換用」的情況中，除了作為「實踐」之範型的基本義蘊，隨著議題的需要，諸「典範人格」至少又具備了多種效用如下：

（一）作為純粹「對各類人物之評價性符號」之「典範人格」。

（二）作為「中介性質之導引」的「典範人格」。

（三）兼具「對各類人物之評價性符號」與「中介性質之導引」的「典範

人格」。

（四）諸「典範人格」之內涵彼此相蘊者。

據此，前三種情形可將其視為「典範人格」在語用上的不同側面；而第四種情形，在內容上，除了可理解為「工夫」與「境界」上的「同一」，語用上，也因此有「抽換詞面」的可能性。唯此種情形並不見於內篇，因此在詮釋上，亦有「集合性作者」之「後出者」將諸「典範人格」之義蘊合流的可能；又或者在後人增減刪改的編輯中，出現了錯綜的可能。

　　第四、接著探索「並列連用」所涉及的問題與意義，主要發現到諸「典範人格」於「並列連用」時，除了分殊義之外，更可作為理解與融貫諸「典範人格」的「宏觀性基準」，例如：「通」之精神與「逍遙」之關懷，一方面內在於「莊子」思考的「歷史性」，另一方面又從問題的「普遍性」，迴向並統攝了諸「典範人格」所涉及之不同議題與作用。然而，在系統性地「宏觀」與「微觀」諸「典範人格」的同時，似乎還須理解到：

　　　（一）就「宏觀」的角度思之，所謂：「其一也一，其不一也一」，那麼「至人」、「神人」、「聖人」本同時為「無待」、「逍遙」的境界，而「真人」亦為體「道」之「大宗師」，那麼在「工夫／境界」的層面中，諸「典範人格」並無高下之分。

　　　（二）從「微觀」的角度而言，所謂：「道未始有封，言未始有常」，「工夫／境界」上的同一，並不影響其不同觀測點中的分殊面相，而「己」、「功」、「名」、「知」正顯示出諸典範人格於不同層面的著重。

繼之，本論文進一步地論證「己」、「名」、「功」、「知」彼此之間的內在關係，實構成了「莊子」諸「典範人格」所對應之普遍性的問題架構，如此，則「至人無己」、「神人無功」、「聖人無名」、「有真人而後有真知」的「工夫／境界」，即「知」通而為「一」，而展現了「通天下一氣」的存有之境。

二、詮釋過程的反省與未來的展望

　　如同懷德海（A.N.Whitehead, 1861～1974）在處理宗教與科學之衝突的睿識，他說：「我們的知識只有一個特點，就是我們始終知道有真理的存在；然而我們對這些真理所能作出的表達方式，只是預設了某些概念的一般觀點，

而這個觀點將隨時受到修改」。〔註 1〕同樣地，對於《莊子》理解與詮釋的過程而言，本論文僅是筆者踏入嚴格學術研究的第一小步，有限的學思能力與生命體驗中的境遇，皆是形成筆者對於「莊子」思想在詮釋觀點上的限制原因之一。然而，又如「莊子」所云：「夫道未始有封，言未始有常」，任何「結構之知」的限定，似乎都是生命體知中的照像性片刻。然而，每一個理解的過程本內在於下一次詮釋的思索，則觀點的修改也彰顯出成長的軌跡，這是筆者所須要自我惕勵者。

其次，在筆者嘗試藉由文獻資料揭開《莊子》文本意義的詮釋經驗中，逐步發現到：歷代的注、疏、箋、傳，或現代學術的研究成果，在「莊學」詮釋史的澱積中，隨著「問題視域」所引發之目的與方法上的差異，各種「莊子注我」、「我注莊子」的詮釋成果櫛比鱗次，形成「莊學」研究中的重要資產。倘若就它們的關係而言，「縱向的繼承與轉化」與「橫向的認取與批判」往往交互影響於各詮釋成果之間，作用的程度也深淺不同。如此，不僅在特定語境下的詮釋成果，有其目的與作用，如：釋德清《莊子內篇注》、方以智《藥地炮莊》等；以「博採眾注」見長的詮釋成果，如：郭慶藩《莊子集釋》、王先謙《莊子集解》等，在不同選材的綜合中亦結構出不同的樣貌。對此，後者之「集注」性質的詮釋取向，本為經典詮釋傳統中的重要體式，自不待言。然而，就當前研究成果觀之，相較於「莊學」詮釋傳統中，對於「自注」取向的關切，學界在此類詮釋傳統對於經典意義的假定，與具體實踐中的操作關係，仍鮮有整體性的研究。準此，筆者期待未來能在「莊子」思想或《莊子》意義揭顯的研究領域與過程中，從「莊學詮釋者」的立場出發，反省本身的詮釋經驗後，復轉向歷代莊學詮釋者的研究視域，探討以「集注」為中心取向的「莊學詮釋者」之於意義生成的假定與詮釋問題。

〔註 1〕 原文見 A.D. Whitehead, "*Science and the Modern World*"（New York：The New American Library. 1954），p182.；中譯參考傅佩榮譯《科學與現代世界》（台北：立緒文化事業有限公司，2001 年 6 月），頁 265。

引用文獻及參考書目

1、「莊子原典與傳統注疏」略依時代先後排列，「古籍原典」略依四部排列。

2、「現代學術著作」、「東、西方學術譯著」、「學位論文」、「單篇論文與座談紀錄」皆依作者姓氏、譯名筆畫排列。

3、「外文參考資料」依作者英文姓氏字母排列。

一、莊子原典與傳統注疏

1. 〔晉〕郭象：《莊子注》。

2. 〔唐〕陸德明：《莊子音義》。

3. 〔唐〕成玄英：《莊子疏》。

   （以上三書均引自〔清〕郭慶藩輯《莊子集釋》）

4. 〔宋〕林希逸著、〔民國〕周啓成校注《莊子鬳齋口義校注》，北京：中華書局，1997 年 3 月第一版。

5. 〔明〕焦竑《莊子翼》，《無求備齋莊子集成續編》第 11、12 冊，台北：藝文印書館，1974 年。

6. 〔清〕王夫之《莊子解》，《無求備齋莊子集成初編》第 19 冊，台北：藝文印書館，1972 年。

7. 〔清〕宣穎《南華經解》，《無求備齋莊子集成續編》第 32 冊，台北：藝文印書館，1974 年。

8. 〔清〕陳壽昌《南華眞經正義》，《無求備齋莊子集成續編》第 37 冊，台北：藝文印書館，1974 年。

9. 〔清〕郭慶藩輯、王孝魚點校《莊子集釋》，台北：華正書局，1997 年 11 月。

10. 〔清〕王先謙:《莊子集解》,北京:中華書局,2006 年 1 月。

11. 馬敍倫:《莊子義證》,《無求備齋老列莊三子集成補編》第 37、38 冊,台北:成文出版社股份有限公司,1982 年 10 月。

12. 錢穆:《莊子纂箋》,台北:東大圖書公司,2006 年 2 月五版七刷。

13. 王叔岷:《莊子校詮》,台北:中研院歷史語言研究所,1998 年 6 月景印三版。

14. 方勇、陸永品:《莊子詮評》,成都:四川出版集團巴蜀書社,2007 年 5 月二版。

二、古籍原典

(一) 經 部

1. 〔漢〕毛公傳、鄭玄箋、〔唐〕孔穎達正義、〔清〕阮元校勘:《毛詩注疏》,台北:藝文印書館影印,〔清〕嘉慶二十年重刊宋本,1997 年 8 月。

2. 〔舊題〕孔安國傳、〔唐〕孔穎達等疏、〔清〕阮元校勘:《尚書注疏》,台北:藝文印書館影印,〔清〕嘉慶二十年重刊宋本,1997 年 8 月。

3. 〔漢〕趙歧注、〔宋〕孫奭疏、〔清〕阮元校勘:《孟子注疏》,台北:藝文印書館影印,〔清〕嘉慶二十年重刊宋本,1997 年 8 月。

4. 〔魏〕何晏注、〔宋〕邢昺等疏、〔清〕阮元校勘:《論語注疏》,台北:藝文印書館影印,〔清〕嘉慶二十年重刊宋本,1997 年 8 月。

5. 〔晉〕杜預注、〔唐〕孔穎達等正義、〔清〕阮元校勘:《春秋左傳注疏》,台北:藝文印書館影印,〔清〕嘉慶二十年重刊宋本,1997 年 8 月。

6. 〔唐〕陸德明撰、〔清〕吳承仕疏證:《經典釋文序錄疏證》,北京:中華書局,2008 年 6 月。

7. 〔宋〕朱熹:《孟子集注》(《四書章句集注》本),北京:中華書局,2006 年 11 月。

8. 〔清〕朱駿聲:《說文通訓定聲》(北京:中華書局,1998 年 12 月)。

9. 丁福保編纂:《說文解字詁林》,台北:台灣商務印書館,1970 年 1 月台三版。

10. 徐中舒主編:《甲骨文大字典》,成都:四川辭書出版社,1995 年 5 月。

(二) 史 部

1. 〔漢〕司馬遷:《史記》,台北:鼎文出版社,1991 年 5 月。

2. 〔漢〕班固:《漢書》,台北:鼎文書局,1978 年 4 月。

3. 〔清〕章學誠著、葉瑛校注:《文史通義》,北京:中華書局,2005 年 11 月。

（三）子 部

1. 〔清〕孫詒讓：《墨子閒詁》，北京：中華書局，2001 年 4 月。

2. 朱謙之：《老子校釋》，北京：中華書局，1996 年 8 月。

3. 李滌生：《荀子集釋》，台北：台灣學生書局，2000 年 3 月。

4. 陳注：《公孫龍子集解》，台北：河洛圖書公司出版社，1977 年 9 月。

5. 陳啓天：《增訂韓非子校釋》，台北：台灣商務印書館，1994 年 11 月。

6. 何建章：《戰國策注釋》，北京：中華書局，1996 年 7 月。

7. 蔣禮鴻：《商君書錐指》，北京：中華書局，1996 年 9 月。

三、現代學術論著

1. 王博：《莊子哲學》，北京：北京大學出版社，2006 年 10 月。

2. 王叔岷：《莊學管窺》收錄於《莊子校詮》，頁 1415～1450。

3. 王叔岷：《諸子斠證》北京：中華書局，2007 年 10 月。

4. 王叔岷：《斠讎學／斠讎別錄》，北京：中華書局，2007 年 6 月。

5. 王邦雄：《中國哲學論集》，台北：台灣學生書局，2004 年 3 月增訂三版。

6. 王健文：《戰國諸子的古聖王傳說及其思想史意義》，台北：國立台灣大學文學院，1987 年 6 月。

7. 王健文：《奉天承運──古代中國的「國家」概念及其基礎》，台北：東大圖書公司，1995 年 6 月。

8. 王國維：《古史新證》（《王觀堂先生全集》第六冊），台北：文華出版公司，1968 年 3 月。

9. 方東美：《生生之德》，台北：黎明文化事業股份有限公司，2005 年 8 月。

10. 方東美：《原始儒家與道家》，台北：黎明文化事業股份有限公司，2005 年 8 月。

11. 任繼愈主編：《中國哲學史》（第一冊），北京：人民出版社，1985 年。

12. 伍至學：《老子反名言論》，台北：唐山出版社，2002 年 1 月。

13. 牟宗三：《名家與荀子》（《牟宗三先生全集》第 2 冊），台北：聯經出版社股份有限公司，2003 年 4 月。

14. 牟宗三：《中國哲學十九講》（《牟宗三先生全集》第 29 冊），台北：聯經出版社股份有限公司，2003 年 4 月。

15. 牟宗三：《才性與玄理》（台北：台灣學生書局，2002 年 8 月）。

16. 余英時：《中國古代知識階層史論（古代篇）》，台北：聯經出版事業公司，1984 年 2 月再版。

17. 杜正勝：《周代城邦》，台北：聯經出版事業公司，1985 年 8 月。

18. 杜保瑞：《莊周夢蝶》，台北：五南圖書出版股份有限公司，2007 年 1 月。

19. 杜維運：《史學方法論》，北京：北京大學出版社，2006 年 5 月。

20. 李賢中：《先秦名家「名實」思想探析》，台北：文史哲出版社，1992 年 8 月。

21. 吳怡：《逍遙的莊子》，台北：三民書局，2005 年 6 月二版。

22. 吳光明：《歷史與思考》，台北：聯經出版事業公司，2003 年 9 月。

23. 吳汝鈞：《老莊哲學的現代析論》，台北：文津出版社，1998 年 6 月。

24. 洪漢鼎：《當代哲學詮釋學導論》，台北：五南圖書出版股份有限公司，2008 年 9 月。

25. 徐復觀：《中國人性論史——先秦篇》，台北：商務印書館，2003 年 10 月。

26. 徐復觀：《公孫龍子講疏》，台北：台灣學生書局，1993 年 9 月。

27. 唐君毅：《中國哲學原論——導論篇》，台北：台灣學生書局，2004 年 10 月校訂版。

28. 唐君毅：《中國哲學原論——原道篇》，九龍：新亞研究所，1966 年。

29. 高柏園：《莊子思想內七篇研究》，台北：文津出版社，1992 年 4 月。

30. 袁保新：《老子哲學之詮釋與重建》，台北：文津出版社，1991 年 9 月。

31. 袁保新：《從海德格、老子、孟子到當代新儒學》，台北：台灣學生書局，2008 年 10 月。

32. 陳榮捷：《中國哲學論集》，台北：中央研究院中國文哲研究所，1994 年 8 月。

33. 陳鼓應：《老莊新論》，台北：五南圖書出版股份有限公司，2006 年 1 月，修訂版。

34. 崔大華：《莊學研究》，北京：人民出版社，2005 年 10 月。

35. 勞思光：《新編中國哲學史》（第一冊），台北：三民書局，2002 年 10 月。

36. 葉海煙：《老莊哲學新論》，台北：文津出版社，1999 年。

37. 楊惠傑：《天人關係論》，台北：水牛出版社，1994 年 8 月再版。

38. 楊儒賓：《先秦道家道的觀念的發展》，台北：國立台灣大學出版委員會，1987 年 6 月。

39. 楊儒賓：《莊周風貌》，台北：黎明文化事業公司，1991 年。

40. 鄭世根：《莊子氣化論》，台北：台灣學生書局，1993 年 7 月。

41. 錢穆：《先秦諸子繫年》（《錢賓四先生全集》第 5 冊），台北：聯經出版社股份有限公司，1998 年 5 月。

42. 錢穆：《莊老通辨》（《錢賓四先生全集》第 7 冊），台北：聯經出版社股份

有限公司，1998 年 5 月。

43. 錢穆：《國史大綱（上）》（《錢賓四先生全集》第 27 冊），台北：聯經出版社股份有限公司，1998 年 5 月。

44. 馮友蘭：《中國哲學史新編（第二冊）》（《三松堂全集（第 8 冊）》），鄭州：河南人民出版社，2001 年 8 月。

45. 馮耀明：《公孫龍子》，台北：東大圖書公司，2000 年 1 月。

46. 楊寬《戰國史》，台北：商務印書館，2004 年 7 月。

47. 張光直：《中國青銅時代》，台北：聯經出版事業公司，1983 年 4 月初版。

48. 張恆壽：《莊子新探》，武漢：湖北人民出版社，1983 年。

49. 董小蕙：《莊子思想之美學意義》，台北：台灣學生書局，1993 年 10 月。

50. 蔡文輝 李紹嶸編著：《社會學概論》，台北：三民書局，2006 年 9 月二版。

51. 劉笑敢：《莊子哲學及其演變》，北京：中國社會科學出版社，1993 年。

52. 劉榮賢：《莊子外雜篇研究》，台北：聯經出版社，2004 年 4 月。

53. 鐘泰：《莊子發微》，上海：上海古籍出版社，2008 年 3 月。

54. 顏崑陽：《莊子的寓言世界》，台北：漢藝色研文化事業有限公司，2005 年 1 月。

55. 瞿同祖：《中國封建社會》，上海：上海人民出版社，2006 年 4 月。

56. 龐樸：《公孫龍子研究》，北京：中華書局，1979 年。

57. 譚宇權：《莊子哲學評論》，台北：文津出版社，1998 年 6 月。

四、東、西方學術譯著

1. 小野澤精一、福光永司、山井涌編：《氣的思想——中國自然觀與人觀念的發展》（氣の思想）李慶譯，上海：上海人民出版社，2007 年 3 月。

2. 卡西勒（Ernst Cassirer）《人論》（*An Essay on Man*）甘陽譯，上海：上海譯文出版社，2005 年 11 月。

3. 加達默爾（Hans-Georg Gadamer）：《眞理與方法》（*Wahrheit und Methode*）洪漢鼎譯，上海：上海譯文出版社，2005 年 5 月。

4. 加達默爾（Hans-Georg Gadamer）：《哲學解釋學》（*Philosophical Hermeneutic*）夏鎮平、宋建平譯，上海：上海譯文出版社，2005 年 5 月。

5. 池田知久（Ikeda Tomohisa）：《〈莊子〉——「道」的思想及其演變》池田知久、黃華珍共譯，台北：國立編譯館，2001 年 12 月。

6. 利科（Paul Ricoeur）：《歷史與眞理》（*Histoire et vérityé*）姜志輝譯，上海：上海譯文出版社，2004 年 11 月。

7. 海德格（（Martin Heidgger）：《在通向語言的途中》（*Unterwegs zur Sprache*）

孫周興譯，北京：商務印書館，2005 年 5 月。

8. 舒茲（Alfred Schutz）《社會世界的現象學》（*The Phenomenology of Social World*）盧嵐蘭譯，台北：九大文化、桂冠圖書公司聯合出版，1991 年 2 月。

9. 詹京斯（Keith Jenkins）：《歷史的再思考》（*Re-thinking History*）賈士蘅譯，台北：麥田出版社，2006 年 8 月。

10. 維根斯坦（Ludwig Wittgenstein）：《哲學研究》（*Philosophische Untersuchungen*）涂紀亮譯，石家莊：河北教育出版社，2003 年 1 月。

11. 懷德海（A.N.Whitehead）：《科學與現代世界》（*Science and the Modern World*）傅佩榮譯，台北：立緒文化事業有限公司，2001 年 6 月。

五、學位論文

1. 方俊源：《莊子哲學中人格世界之分析》（台北：文化大學哲學研究所碩士論文，1988 年）。

2. 宋愛華：《莊子理想人格之呈現——以〈大宗師〉爲主之探究》（台中：中興大學中國文學研究所碩士論文，2005 年）。

3. 李忠一：《莊子神人論》（新竹：玄奘大學中國文學研究所，2005 年）。

4. 林明照：〈《莊子》「眞」的思想探析〉（台北：國立台灣大學哲學系碩士論文，2000 年）。

5. 黃瑞珠：〈《莊子》至人思想研究〉（嘉義：國立中正大學中國文學研究所，2004 年）。

6. 黃漢耀：《莊子「眞人」思想研究》（台北：中國文化大學哲學研究所碩士論文，1988 年）。

7. 張昭珮：〈《莊子》一書中的眞人研究〉（台北：輔仁大學中文研究所碩士論文，1996 年）。

六、外文參考資料

1. Jenkins, Keith. 1992. *"Re-thinking History"* London and New York：Routledge.

2. Whitehead, A.D. 1954. *"Science and the Modern World"* New York：The New American Library.

3. Wittgenstein, Ludwig. 2001. *"Philosophical Investigations*：The German text,with a revised English translation."UK：Blackwell Publisher.

七、單篇論文與座談紀錄

1. 王季香：〈「莊子」內七篇的人格類型觀研究〉，《文藻學報》，第 15 期，（2001

年），頁 21～42。

2. 王邦雄：〈《莊子》心齋「氣」觀念的詮釋問題〉，《淡江中文學報》第十四期（2006 年 6 月），頁 15～31。

3. 丘為君：〈轉型時代——理念的形成、意義，與時間定限〉，《中國近代思想史的轉型時代——張灝院士七秩祝壽論文集》（台北：聯經出版事業股份有限公司，2007 年 12 月），頁 507～530。

4. 沈清松：〈當代語言哲學新探〉，《現代哲學論衡》（台北：黎明文化事業公司，1994 年 10 月），頁 53～83。

5. 沈清松：〈中國哲學文本與意象的運動——以《莊子‧齊物論》為例〉，《哲學與文化》（2007 年 11 月），頁 7～30。

6. 杜維明：〈中國哲學中的三個基調〉，《杜維明文集》（第五卷）（武漢：武漢出版社，2002 年 4 月），頁 3～13。

7. 杜正勝：〈形體、精氣與魂魄——中國傳統對「人」認識的形成〉，《新史學》2 卷 3 期（1991 年 9 月），頁 1～65。

8. 宋榮培：〈東方的「相關性思維模式」和對有機體生命的理解——以莊子和中醫的有機體生命原理為中心〉，吳展良（編）《東亞近世世界觀的形成》，（台北：台灣大學出版中心，2007 年 7 月），頁 1～34。

9. 那張軍：〈莊子「至人」理想人格的美育思想探微〉，《東南大學學報》第 3 卷第 2A 期（2001 年 5 月），頁 72～75。

10. 岑溢成：〈公孫龍及惠施思想研究〉，《哲學與文化月刊》第 11 卷第 6 期（1974 年 6 月），頁 20～26

11. 李賢中：〈中國哲學研究方法之省思〉，《哲學語文化》第 34 卷第 4 期（2007 年 4 月），頁 7～23。

12. 林啟屏：〈從古典到傳統：古典「德」義及其發展〉，《從古典到正典：中國古代儒學意識之形成》（台北：台大出版中心，2007 年 7 月），頁 33～75。

13. 林慶彰：〈兩漢章句之學重探〉林慶彰主編，《中國經學史論文選集（上）》（台北：文史哲出版社，1992 年），頁 277～297。

14. 胡孚琛：〈道家和道教形、氣、神三重結構的身體觀〉，楊儒賓（主編）《中國古代思想中的氣論語身體觀》（台北：巨流圖書公司，1997 年 2 月），頁 171～176。

15. 秦家懿：〈「聖」在中國思想史內的多重意義〉，《清華學報》17 卷第 1、2 期合刊（1985 年 12 月），頁 15～27。

16. 袁保新 等：〈「中國經典詮釋學方法論問題」學術座談會議紀錄〉，《中國經典詮釋傳統（一）通論篇》（台北：台灣大學出版中心，2004 年 6 月），附錄二，頁 455～489。

17. 黃俊傑：〈傳統中國的思維方式及其價值觀：歷史回顧與現代啓示〉，《東亞儒學史的新視野》（台北：台灣大學出版中心，2006 年 2 月），頁 313～330。

18. 陳榮灼：〈公孫龍與演繹思維〉，楊儒賓、黃俊傑（合編）《中國古代思維方式探索》（台北：正中書局，1996 年 11 月），頁 231～307。

19. 孫慧敏：〈「新式學校」觀念的形成及影響〉，《中國近代思想史的轉型時代——張灝院士七秩祝壽論文集》（台北：聯經出版事業股份有限公司，2007 年 12 月），頁 81～103

20. 菅本大二：〈中國古代當中「天」概念的形成與開展〉鄭吉雄（主編）《觀念字的解讀與思想史探索》（台北：台灣學生書局，2009 年 2 月），頁 53～72。

21. 張亨：〈天人合一的原始及其轉化〉，《思文之際論集——儒道思想的現代詮釋》（台北：允晨文化公司，1997 年 11 月），頁 249～284。

22. 張灝：〈中國近代思想史的轉型時代〉，《時代的探索》（台北：聯經出版事業股份有限公司，2004 年），頁 37～60

23. 張鼎國：〈「較好地」還是「不同地」理解——從詮釋學論爭看經典註疏中的詮釋定位與取向問題〉，黃俊傑（主編）《中國經典詮釋傳統（一）通論篇》（台北：台灣大學出版社，2004 年 6 月），頁 15～50。

24. 葉國良等：〈「中國經典詮釋學的特質」學術座談會議記錄〉，《中國經典詮釋傳統（一）通論篇》（台北：台灣大學出版中心，2004 年 6 月），附錄一，頁 433～454。

25. 楊儒賓：〈支離與殘形——論先秦思想裏的兩種身體觀〉，楊儒賓（主編）《中國古代思想中的氣論語身體觀》（台北：巨流圖書公司，1997 年 2 月），頁 415～449。

26. 楊儒賓：〈莊子「由巫入道」的開展〉，《中正大學中文學術年刊》總第十一期（2008 年 6 月），頁 79～109。

27. 蔡英文：〈天人之際——傳統思想中的宇宙意識〉，黃俊傑（主編）《中國文化新論（思想篇二）——天道與人道》（台北：聯經出版事業公司，1983 年 4 月），頁 285～327。

28. 錢穆：〈兩漢博士家法考〉，《兩漢經學今古文評議》（台北：東大圖書股份有限公司，2003 年 8 月），頁 157～231

29. 賴錫三：〈莊子「眞人」的身體觀——身體的「社會性」與「宇宙性」辯證〉，《台大中文學報》第 14 期（2001 年 5 月），頁 1～34。

30. 謝大寧：〈儒學的基源問題——德的哲學史意涵〉，《鵝湖學志》第 16 期（1996 年 6 月），頁 1～51

31. 戴君仁：〈經疏的衍成〉，《梅園論學續集》（台北：藝文印書館，1974 年

11 月），頁 93～117。

32. 蕭裕民：〈《莊子》內外雜篇新論——從思想的一致性來觀察〉，《興大人文學報》第 36 期（2006 年 3 月），頁 159～186

33. 鄺錦倫：〈公孫龍子指物篇試釋〉，《幼獅月刊》236 期（1974 年 11 月），頁 42～49

34. 顏崑陽：〈用詩，是一種社會文化行爲模式——建構「中國詩用學」初論〉，《淡江中文學報》第 18 期（2008 年 6 月），頁 279～302。

35. 顏崑陽：〈從〈詩大序〉論儒系詩學的「體用」觀——建構中國詩用學三論〉，《第四屆漢代文學與思想學術研討會論文集》（台北：國立政治大學中國文學系，2002 年 5 月），頁 287。